# Ansiedade
# S.A.

LEONARDO TAVARES

# Ansiedade
# S.A.

**ANSIEDADE S.A.**
© Copyright 2023 - Leonardo Tavares

Este título pode ser adquirido em grande quantidade para uso comercial ou educacional.
Para informações, por favor, envie um e-mail para realleotavares@gmail.com.

Todos os direitos reservados. Nenhuma parte deste livro pode ser reproduzida, armazenada em sistema de recuperação ou transmitida de qualquer forma por quaisquer meios – eletrônico, mecânico, fotocópia, gravação, digitalização ou outros – exceto por citações breves em resenhas críticas ou artigos, sem permissão prévia por escrito do editor.

Em nenhuma circunstância será atribuída qualquer culpa ou responsabilidade legal ao editor ou autor por danos, reparação ou perda financeira devido às informações contidas neste livro, seja diretamente ou indiretamente.

**Aviso Legal:**

Este livro possui direitos autorais. É apenas para uso pessoal. Você não pode modificar, distribuir, vender, usar, citar ou parafrasear qualquer parte ou conteúdo deste livro sem o consentimento do autor ou editor.

**Aviso de Isenção de Responsabilidade:**

Por favor, observe que as informações contidas neste documento são apenas para fins educacionais e de entretenimento. Todos os esforços foram feitos para apresentar informações precisas, atualizadas e confiáveis. Nenhuma garantia de qualquer tipo é declarada ou implícita. Os leitores reconhecem que o autor não está envolvido na prestação de aconselhamento jurídico, financeiro, médico ou profissional. O conteúdo deste livro foi derivado de várias fontes. Consulte um profissional licenciado antes de tentar quaisquer técnicas descritas neste livro.

Ao ler este documento, o leitor concorda que, em nenhuma circunstância, o autor será responsável por quaisquer perdas, diretas ou indiretas, incorridas como resultado do uso das informações contidas neste documento, incluindo, mas não se limitando a, erros, omissões ou imprecisões.

Primeira Impressão 2023

# SUMÁRIO

**Prefácio**..................................................................9

**1. Introdução ao Universo da Ansiedade** ................. 11
   Compreendendo a Ansiedade................................................12
   A Ubiquidade da Ansiedade na Sociedade Moderna.................. 15
   Um Convite para a Exploração ............................................16

**2. Sociedade em Rápida Transformação**...................18
   Impacto das Mudanças Sociais, Tecnológicas e Culturais no Aumento da Ansiedade ......................................................19
   Pressões da Modernidade que Contribuem para o Estresse e a Insegurança................................................................. 24

**3. Causas da Ansiedade** ......................................... 28
   Fatores Biológicos, Genéticos e Ambientais .......................... 29
   Exploração dos Desencadeadores Individuais e Coletivos ..........32

**4. Ansiedade e Perfeccionismo** ............................. 38
   A Relação entre a Busca pela Perfeição e a Ansiedade............... 39
   Estratégias para Lidar com a Necessidade de Ser Perfeito e Suas Conexões com a Ansiedade................................................ 46

**5. Impactos na Saúde Mental**.................................53
   Consequências Psicológicas da Ansiedade............................. 54
   Como a Ansiedade Afeta a Autoestima e a Confiança ............... 58
   Efeitos de Longo Prazo da Ansiedade em Nossa Saúde Mental... 64
   Estratégias para Mitigar os Impactos da Ansiedade na Saúde Mental ........................................................................ 79

## 6. Impactos na Saúde Física .................................. 110
Efeitos da Ansiedade em Nosso Corpo.................................. 111
Estratégias para Mitigar os Impactos Físicos da Ansiedade....... 118

## 7. O Ciclo Vicioso da Ansiedade........................... 122
Entendimento do Ciclo Autoperpetuante da Ansiedade .......... 123
Métodos para Quebrar o Ciclo e Promover a Recuperação ....... 136

## 8. Estratégias de Autogerenciamento ................... 140
Estratégias Práticas para Enfrentar Momentos de Alta Ansiedade .................................................................141
Técnicas de Respiração, Relaxamento e Mindfulness para Controlar a Ansiedade................................................. 144

## 9. Construindo Resiliência.................................... 151
A Natureza da Resiliência ................................................. 152
Como Desenvolver a Resiliência Emocional ......................... 152
Como Transformar Adversidade em Crescimento Pessoal ........155

## 10. Estilo de Vida e Bem-Estar........................... 168
Estratégias para Promover um Estilo de Vida Mais Saudável e Menos Ansioso................................................................. 169
A Importância de uma Dieta Equilibrada e Exercícios Físicos para Controlar a Ansiedade................................................ 172

## 11. Tecnologia e Ansiedade ............................... 176
Impacto do Uso Excessivo de Tecnologia na Ansiedade ........... 177
Estratégias para Equilibrar o Uso da Tecnologia e Reduzir a Sobrecarga ........................................................................ 179

## 12. Relacionamentos e Apoio Social ...... 184
A Influência dos Relacionamentos na Ansiedade ............ 185
Estratégias para Cultivar Relacionamentos Saudáveis e Buscar Apoio Emocional ............ 187

## 13. Buscando Ajuda Profissional ............ 192
Importância de Procurar Ajuda Profissional ............ 193
Desmistificação de Tabus Relacionados à Terapia ............ 195

## Conclusão ............ 199
## Sobre o Autor ............ 201
## Referências ............ 202

# PREFÁCIO

Bem-vindo a "Ansiedade S.A.", um convite para adentrar os corredores complexos do nosso mundo interior, onde a ansiedade se manifesta como um intrincado quebra-cabeça de emoções, pensamentos e sensações. É aqui que começamos a desvendar o tecido dessa experiência humana universal, oferecendo não apenas entendimento, mas estratégias tangíveis para domar esse turbilhão emocional.

Imagine este livro como um guia através das trilhas sinuosas da ansiedade. Às vezes, é um labirinto sombrio, mas sempre há luz no fim do túnel. Aqui, vamos em busca dessa luz, não apenas para dissipar as sombras da ansiedade, mas também para desmistificar o que a envolve.

O percurso começa com a análise do que é a ansiedade, pois compreender nosso adversário é o primeiro passo para derrotá-lo. Mergulharemos fundo em suas manifestações, desde aquelas pontadas nervosas até os pensamentos em espiral que parecem ter vida própria.

Em seguida, aventuramo-nos pelos caminhos da gestão e controle da ansiedade. Desde técnicas ancestrais de respiração até abordagens modernas de mindfulness, exploraremos estratégias que oferecem alívio e acalmam o coração em meio à tormenta.

Mas não é apenas sobre sobreviver à ansiedade, é sobre prosperar apesar dela. Ao longo destas páginas, você descobrirá como transformar a ansiedade em combustível para o crescimento pessoal. É um convite para transcender e crescer, enfrentando os medos de cabeça erguida.

Prepare-se para esta rica experiência de autodescoberta. Abra-se para a possibilidade de uma vida mais leve e iluminada, onde a ansiedade não seja mais uma sombra escura, mas uma nuvem passageira no vasto céu da existência humana. Estamos prestes a embarcar nessa jornada juntos. Vamos explorar, aprender e crescer. A ansiedade não será mais uma prisão, mas uma porta para a libertação.

# 1
# INTRODUÇÃO AO UNIVERSO DA ANSIEDADE

*Abra o coração para o universo da ansiedade, onde cada batida revela uma história de coragem e autodescoberta.*

A ansiedade é uma experiência universal que todos nós, em algum momento de nossas vidas, já enfrentamos. Ela se manifesta de diferentes formas e intensidades, desde a preocupação diária com as responsabilidades até aquela sensação avassaladora de apreensão antes de um evento importante. Nos tempos modernos, a ansiedade se tornou uma companheira constante para muitos, uma presença indesejada que influencia nossas vidas de maneiras profundas e, muitas vezes, debilitantes.

A ansiedade não é apenas um estado emocional; é uma resposta complexa e multifacetada do nosso organismo a situações percebidas como ameaçadoras ou estressantes. É uma reação natural e adaptativa que prepara nosso corpo e mente para enfrentar desafios. No entanto, quando essa resposta se torna excessiva, desproporcional ou persistente, ela deixa de ser benéfica e começa a atrapalhar nossa qualidade de vida e bem-estar.

Neste capítulo, iniciaremos nossa exploração, visando não apenas definir e entender a ansiedade em sua profundidade, mas também destacar sua relevância e frequência nas complexas teias da vida moderna. Vamos desvendar a natureza multifacetada da ansiedade, revelando suas manifestações variadas e muitas vezes subestimadas. Ao compreender sua definição e amplitude, estaremos melhor preparados para enfrentar os desafios que ela apresenta. Afinal, é somente ao compreender a verdadeira natureza do inimigo que podemos desenvolver as armas necessárias para superá-lo.

## COMPREENDENDO A ANSIEDADE

A ansiedade pode ser descrita como um estado emocional caracterizado por antecipação, nervosismo e preocupação em relação ao futuro. É uma resposta emocional e fisiológica a uma ameaça percebida, seja ela real ou imaginária. O corpo entra em estado de alerta, liberando hormônios como adrenalina e cortisol para preparar o organismo para a ação. Essa resposta, conhecida como "resposta de luta ou fuga", é essencial para nossa sobrevivência e nos ajuda a reagir a situações de perigo.

No entanto, em algumas circunstâncias, essa resposta pode ser ativada sem um motivo real ou fora de proporção com a situação. É aqui que a ansiedade se torna um problema. Quando experimentada de forma crônica ou intensa, a ansiedade pode interferir em nossa capacidade de funcionar no dia a dia, prejudicando nossos relacionamentos, nosso trabalho e nossa qualidade de vida.

## A Diversidade das Manifestações da Ansiedade

Uma das características mais intrigantes da ansiedade é sua diversidade de manifestações. Ela não se limita a uma única experiência ou sintoma, mas se apresenta de várias maneiras, cada uma com suas nuances e peculiaridades. Entender essa diversidade é essencial para reconhecer quando a ansiedade está presente em nossas vidas.

Preocupação Excessiva: Uma das manifestações mais comuns da ansiedade é a preocupação excessiva. Isso envolve um constante e avassalador fluxo de pensamentos sobre eventos futuros, mesmo que sejam situações comuns do dia a dia. A mente se torna uma fábrica de cenários negativos, e a sensação de apreensão é constante.

Tensão Muscular: Outro sinal frequente da ansiedade é a tensão muscular. A ansiedade crônica pode levar a rigidez, dores ou desconforto físico devido à constante tensão muscular. Isso pode se manifestar como dores de cabeça, dores nas costas e até mesmo problemas digestivos.

Irritabilidade: A ansiedade também pode influenciar nossas emoções, tornando-nos mais irritáveis e impacientes. Situações que normalmente não nos perturbariam podem nos levar a reações desproporcionais devido ao estado de tensão constante.

Inquietação: A sensação de inquietação é outra faceta da ansiedade. Pode ser difícil relaxar, sentar-se calmamente ou focar em uma tarefa específica. A mente está sempre correndo, e a pessoa pode sentir a necessidade de estar constantemente fazendo algo.

Dificuldade de Concentração: A ansiedade também afeta nossa capacidade de concentração. Ficar focado em uma tarefa ou absorver informações pode ser uma tarefa árdua quando a mente está repleta de preocupações.

Fadiga: Embora seja paradoxal, a ansiedade pode causar fadiga intensa. A tensão física e emocional constante pode drenar nossa energia, deixando-nos cansados e sem motivação, mesmo após uma noite de sono adequada.

Essas são apenas algumas das muitas maneiras pelas quais a ansiedade pode se manifestar. É importante compreender que a ansiedade não é uma experiência uniforme, e as pessoas podem vivenciá-la de maneiras diferentes. Ela pode ser uma sombra discreta, pairando no fundo de nossas vidas, ou uma tempestade avassaladora que nos envolve por completo.

**A Pervasividade da Ansiedade**

Para compreender a relevância da ansiedade na sociedade contemporânea, é crucial reconhecer sua onipresença. A ansiedade não conhece fronteiras, afetando pessoas de todas as idades, origens e estilos de vida. Ela não faz distinção entre raças, gêneros ou status social. É um fenômeno humano universal, uma parte intrínseca da experiência humana.

Além disso, a ansiedade não está confinada a nenhum setor específico da sociedade. Ela não faz distinção entre ricos e pobres, educados e não educados, urbanos e rurais. Ela está presente em todas as esferas da sociedade contemporânea, desde estudantes preocupados com seu desempenho acadêmico até executivos sob pressão para atingir metas ambiciosas. A ansiedade é, portanto, uma preocupação que atravessa todas as camadas da sociedade.

Como resultado, a ansiedade não é apenas um desafio individual, mas também um fenômeno social. Ela molda nossa cultura, influencia nossas normas e afeta nossos relacionamentos.

## A UBIQUIDADE DA ANSIEDADE NA SOCIEDADE MODERNA

Nos tempos atuais, vivemos em um mundo cada vez mais rápido e complexo. As demandas da vida cotidiana, a pressão por sucesso, a conectividade constante através da tecnologia e as incertezas do futuro contribuem para um aumento significativo nos níveis de ansiedade. O estilo de vida moderno muitas vezes nos leva a um estado de sobrecarga, onde o equilíbrio entre trabalho, lazer e autocuidado é frequentemente negligenciado.

A sociedade moderna nos impõe uma constante necessidade de se destacar, de atingir metas ambiciosas e de manter padrões elevados em todas as áreas de nossas vidas. As redes sociais, apesar de nos conectarem, também podem desencadear ansiedade por meio da comparação constante com os outros. Estamos sendo observados, avaliados e julgados de várias maneiras, 24 horas, o que pode gerar um medo crescente de falhar ou de não corresponder às expectativas impostas sobre nós.

A corrida pelo sucesso, a competitividade exacerbada e a busca pela perfeição são realidades comuns em nossas vidas modernas. Todas essas pressões podem criar um ciclo de ansiedade que se alimenta, onde a necessidade de ser bem-sucedido e a apreensão de não alcançar esse sucesso geram um estado de estresse e ansiedade crônica.

Nesse cenário, a ansiedade muitas vezes assume o papel de um conselheiro incômodo, uma voz interior que nos questiona e nos incita a alcançar mais, a sermos melhores, a correspondermos às expectativas, tanto as nossas quanto as dos outros. E assim, a ansiedade se entrelaça com a busca incessante pelo sucesso e a evitação persistente do fracasso.

## UM CONVITE PARA A EXPLORAÇÃO

Este livro é um convite para explorar o complexo mundo da ansiedade, entender suas raízes, seus efeitos e suas formas de controle. Ao longo dos próximos capítulos, vamos analisar em detalhes as causas da ansiedade, os impactos na saúde mental e física, os gatilhos comuns e, mais importante, as estratégias e técnicas que podem nos ajudar a enfrentar esse desafio de forma positiva e eficaz.

Ao oferecer informações, percepções e ferramentas práticas, meu objetivo é capacitar você a reconhecer e lidar com a ansiedade de maneira saudável. Vamos construir juntos um caminho para uma vida equilibrada, onde a ansiedade não seja uma barreira, mas sim uma oportunidade de crescimento e autodesenvolvimento.

# 2
# SOCIEDADE EM RÁPIDA TRANSFORMAÇÃO

*Em um mundo em constante mutação, encontramos força na adaptação e sabedoria na evolução.*

Adentrar o âmago da modernidade é como se lançar em uma dança vertiginosa, um movimento incessante onde a sociedade se reinventa a cada passo. Vivemos em uma era de transformações avassaladoras, um turbilhão de mudanças que varrem nossas vidas em todas as dimensões. Enquanto testemunhamos o cenário em constante evolução, somos desafiados a encontrar o equilíbrio delicado entre a necessidade de adaptação e a preservação de nossa saúde mental e emocional. É nesse palco em movimento que a ansiedade emerge como uma parceira indesejada, uma sombra que nos segue em meio a essa caminhada tumultuada.

Neste capítulo, convidamos você a mergulhar profundamente na dança veloz da modernidade, desvendando os laços intricados entre as transformações sociais, tecnológicas e culturais, e o crescente espiral de ansiedade que essa aceleração induz. Cada passo, cada virada nessa dança, deixa marcas em nossa psique coletiva. É uma coreografia que desafia a resistência de nossa mente e a flexibilidade de nosso espírito.

As transformações sociais desencadeiam ondas de mudanças culturais, que por sua vez, encontram ressonância na evolução tecnológica. A internet, as redes sociais e a inteligência artificial moldam não apenas nossas interações, mas também a forma como percebemos a realidade e até mesmo a nós mesmos. No entanto, esse avanço frenético tem seu preço, e a ansiedade se torna um eco constante em meio a esse progresso. Ela se infiltra em nossas vidas, alimentada pelas incertezas e pelo ritmo acelerado dessa dança da modernidade. Vamos aprender a dançar com a modernidade, a encontrar a harmonia entre a velocidade das mudanças e a paz interior, e a transformar essa dança vertiginosa em um movimento de resiliência e crescimento.

## IMPACTO DAS MUDANÇAS SOCIAIS, TECNOLÓGICAS E CULTURAIS NO AUMENTO DA ANSIEDADE

As mudanças sociais, tecnológicas e culturais que caracterizam a modernidade têm um profundo impacto no aumento dos níveis de ansiedade em nossa sociedade contemporânea. Vamos explorar detalhadamente cada uma dessas dimensões para entender a complexidade dessa interação e suas consequências na saúde mental.

**Transformações Sociais**

A sociedade está em constante transformação, e as mudanças sociais são um dos principais impulsionadores da ansiedade. À medida que antigas estruturas e normas são desafiadas e redefinidas, surge uma sensação de incerteza e instabilidade. A revolução nos papéis de gênero, a diversidade, a migração em massa e outros fenômenos sociais geram uma complexidade adicional às interações humanas.

Essa interação entre os indivíduos e a sociedade em evolução pode resultar em ansiedade, especialmente para aqueles que se sentem perdidos ou sobrecarregados pelo ritmo das mudanças sociais. A pressão para se adaptar a novas normas e expectativas pode levar a uma sensação de inadequação, contribuindo para a ansiedade.

**A Revolução Tecnológica**

A revolução tecnológica, enquanto proporciona uma conectividade sem precedentes, também introduz um conjunto de desafios emocionais e mentais. O uso extensivo de dispositivos eletrônicos e a constante presença online podem levar a uma sobrecarga de informações e à sensação de estar sempre "ligado".

Além disso, as redes sociais criam um ambiente propício para a comparação constante com os outros, levando a um aumento da ansiedade social. A necessidade de manter uma imagem idealizada online pode gerar uma pressão intensa para ser percebido de forma positiva pelos outros, resultando em ansiedade de desempenho.

**Mudanças Culturais**

As mudanças culturais são uma parte integral da dinâmica da sociedade moderna, moldando nossas percepções, comportamentos e interações. A cultura contemporânea está em constante evolução, e essa transformação tem implicações profundas na maneira como percebemos e vivemos a vida, o que, por sua vez, influencia nossa saúde mental.

Uma das características marcantes das mudanças culturais é a transição de uma mentalidade coletivista para uma cultura mais centrada no indivíduo. A valorização da autonomia e da busca pela realização pessoal se tornou uma narrativa dominante. Embora isso tenha trazido liberdade e empoderamento, também criou uma pressão adicional sobre cada indivíduo.

A ideia de "realização pessoal" pode gerar ansiedade, pois os indivíduos se veem pressionados a alcançar padrões elevados e atender às expectativas não apenas da sociedade, mas também de si mesmos. A busca incessante por alcançar metas e objetivos pessoais muitas vezes pode resultar em uma sensação constante de insatisfação e, consequentemente, ansiedade.

A cultura contemporânea também está profundamente enraizada na busca pelo consumo e na aquisição constante de novas experiências. Vivemos em uma sociedade que promove a ideia de que adquirir mais coisas e buscar novas experiências nos levará à felicidade e à satisfação plena.

No entanto, essa busca incessante e muitas vezes irrealista por um estado ideal de vida pode gerar ansiedade. A sensação de insatisfação crônica, decorrente da cultura do consumo, pode levar a um ciclo de ansiedade, pois nunca nos sentimos plenamente satisfeitos com o que temos ou alcançamos. Isso pode criar uma pressão constante para adquirir mais e alcançar um padrão inatingível de "felicidade".

As mudanças culturais também influenciam nossas relações interpessoais e nosso senso de comunidade. Vivemos em uma era em que as relações são frequentemente mediadas por tecnologia e onde as conexões físicas podem ser substituídas por interações digitais. Isso tem um impacto profundo na nossa percepção de pertencimento e solidão.

A redefinição dos laços sociais pode gerar ansiedade, especialmente para aqueles que se sentem desconectados ou isolados em meio a essa transformação. A pressão para manter uma presença online idealizada pode criar um senso de inautenticidade e contribuir para a ansiedade social.

Essas mudanças culturais, que promovem a individualidade, o consumo e a redefinição de nossas relações, estão interligadas e influenciam nossas experiências cotidianas. Ao compreender o papel que a cultura desempenha na ansiedade moderna, podemos desenvolver estratégias eficazes para enfrentar esse desafio, promovendo uma abordagem mais equilibrada e saudável para a vida contemporânea.

**Interseção e Conexão**

A interseção e a conexão entre as dimensões das mudanças sociais, tecnológicas e culturais criam um ambiente complexo que influencia significativamente nossa saúde mental e emocional. Essa sinergia amplifica os efeitos dessas mudanças, resultando em um impacto cumulativo no aumento da ansiedade na sociedade contemporânea.

As transformações sociais, tecnológicas e culturais estão intrinsecamente entrelaçadas, formando uma rede complexa de influências. As transformações sociais moldam as interações humanas, e as inovações tecnológicas afetam diretamente a forma como nos comunicamos, trabalhamos e nos relacionamos. Essas mudanças são amplificadas pelas evoluções culturais que redefinem nossos valores, expectativas e aspirações.

A rápida evolução tecnológica, por exemplo, afeta diretamente nossas interações sociais. O uso extensivo de dispositivos eletrônicos e redes sociais muitas vezes pode levar à diminuição da qualidade e da profundidade das relações interpessoais, impactando negativamente nosso bem-estar emocional.

Essa interconexão e interdependência das mudanças modernas geram um impacto cumulativo sobre a ansiedade. O indivíduo contemporâneo, constantemente imerso nesse ambiente de mudanças rápidas e interconectadas, muitas vezes enfrenta um estado de ansiedade crônica.

Compreender essa interconexão é fundamental para abordar a ansiedade de maneira eficaz. Estratégias de enfrentamento e intervenções devem considerar a complexa interação entre todos esses aspectos. É um desafio encontrar um equilíbrio entre aproveitar os benefícios dessas mudanças e mitigar os impactos negativos em nossa saúde mental e emocional.

A busca por esse equilíbrio é crucial para promover uma abordagem mais saudável e sustentável à vida contemporânea. Devemos aprender a usar a tecnologia de forma consciente, a abraçar as mudanças sociais de maneira equitativa e a questionar e redefinir constantemente nossos valores culturais. Somente por meio desse equilíbrio e da compreensão da interconexão entre essas dimensões, poderemos enfrentar a ansiedade de maneira holística e buscar uma vida equilibrada e gratificante na era moderna.

## PRESSÕES DA MODERNIDADE QUE CONTRIBUEM PARA O ESTRESSE E A INSEGURANÇA

A modernidade trouxe consigo uma série de avanços e benefícios para a sociedade, mas também trouxe pressões únicas que podem contribuir para o estresse e a insegurança nas vidas das pessoas. Vamos explorar essas pressões em detalhes para entender como elas afetam a saúde mental e emocional no mundo contemporâneo.

Uma das pressões mais prementes da modernidade é a rapidez com que as coisas mudam. A tecnologia avança em um ritmo exponencial, as expectativas sociais e profissionais estão sempre em ascensão e a vida cotidiana se tornou incrivelmente acelerada. Essa rápida transformação cria uma constante necessidade de adaptação e aprendizado, o que pode gerar estresse crônico, à medida que as pessoas lutam para acompanhar o ritmo.

As expectativas crescentes em todos os aspectos da vida, desde o desempenho no trabalho até as interações sociais e a busca pela felicidade pessoal, podem criar uma pressão constante para atender a padrões muitas vezes inatingíveis, levando a um ciclo de estresse e ansiedade.

Vivemos na era da informação, onde somos inundados por uma quantidade sem precedentes de dados e conteúdos através da internet e das mídias sociais. Embora isso ofereça oportunidades valiosas, também gera uma sobrecarga de informações. Tentar processar e assimilar todo esse fluxo constante de dados pode ser esmagador, levando a um estado de ansiedade e insegurança sobre o nosso entendimento do mundo.

Além disso, a dependência da tecnologia para comunicação e tarefas diárias pode criar uma sensação de insegurança quando estamos desconectados ou quando nossa privacidade é comprometida. O medo de ficar "desconectado" pode contribuir para a ansiedade.

A modernidade muitas vezes promove uma cultura de competição e comparação constante. Nas esferas profissional e pessoal, as pessoas muitas vezes se veem em uma corrida incessante para alcançar metas, adquirir bens materiais e atingir padrões de vida elevados. A exposição constante às conquistas e estilos de vida aparentemente ideais de outros, amplificada pelas mídias sociais, pode criar uma pressão para competir e comparar-se, levando a uma sensação de inadequação e estresse crônico.

Essa cultura competitiva também pode afetar a saúde mental, pois as pessoas se sentem constantemente avaliadas pelos outros e pela sociedade, resultando em uma busca incessante por validação e aceitação.

A nova realidade exige uma dedicação extrema à vida profissional, com jornadas de trabalho longas e a constante conectividade à internet. O equilíbrio entre vida profissional e pessoal pode se tornar uma busca árdua, gerando estresse devido à pressão para cumprir demandas em ambas as esferas.

A falta de tempo para atividades de lazer, autocuidado e descanso adequado contribui para o estresse crônico e a ansiedade. A incapacidade de desconectar-se do trabalho pode levar a um estado de estresse constante, impactando negativamente a saúde mental.

Essas pressões da modernidade são interconectadas e representam desafios significativos para a saúde mental e emocional. É crucial buscar um equilíbrio entre aproveitar os avanços e benefícios que a modernidade oferece, enquanto se desenvolvem estratégias eficazes para mitigar o estresse e a insegurança que acompanham esse estilo de vida acelerado e exigente.

À medida que concluímos esta exploração sobre a sociedade em rápida transformação, fica claro que estamos imersos em uma era de mudanças vertiginosas. A dança da modernidade é complexa, desafiadora e, muitas vezes, avassaladora. As transformações sociais, tecnológicas e culturais estão intrinsecamente entrelaçadas, criando um cenário que influencia de maneira significativa nossa saúde mental e emocional. As pressões da modernidade são reais, e suas ramificações na ansiedade são palpáveis.

No entanto, este capítulo também nos convida a encontrar o equilíbrio entre a adaptação a esse ritmo frenético e a preservação de nossa saúde mental. Ao compreender a interconexão dessas mudanças e seu impacto cumulativo, estamos em uma posição melhor para enfrentar os desafios que a modernidade nos apresenta. Nosso objetivo agora é explorar as raízes e os fundamentos da ansiedade em um nível mais profundo. É hora de investigar as causas subjacentes que contribuem para essa ansiedade generalizada na sociedade contemporânea.

Adentrando o terreno da ansiedade, é imperativo compreender as raízes profundas desse fenômeno complexo. A ansiedade não é uma emoção isolada; é um eco de diversas influências e experiências que moldam nossa vida diária. O próximo capítulo visa iluminar as causas multifacetadas que desencadeiam e alimentam a ansiedade em nossas vidas. Vamos desvendar as camadas dessa complexa emoção e descobrir maneiras de restaurar a calma e o equilíbrio em meio a esse desafio contemporâneo.

# 3
# CAUSAS DA ANSIEDADE

*Nas raízes da ansiedade, descobrimos a fonte, mas também a semente da superação.*

Na tessitura complexa da experiência humana, a ansiedade emerge como uma peça central. É uma emoção que pode se manifestar de maneiras diversas, desde um sussurro suave de apreensão até um rugido ensurdecedor de terror.

No cerne das causas da ansiedade estão os mecanismos biológicos do nosso corpo, onde a dança das moléculas e sinais elétricos no cérebro dita nossa resposta emocional. Nossos genes, os blocos de construção da nossa existência, também desempenham um papel na nossa propensão à ansiedade. Mas a ansiedade não se limita às entranhas da biologia; ela se manifesta em nossa psique, moldada por nossas experiências passadas, nossos padrões de pensamento e nossas características de personalidade.

Contudo, a ansiedade não é uma entidade solitária. Ela é influenciada por nosso ambiente, pelas tensões sociais da nossa era moderna e pelo modo de vida que escolhemos. O estresse constante, as pressões sociais implacáveis e a incessante onda de informações na era digital se tornaram parte integrante do nosso cotidiano, desempenhando um papel vital na amplificação da ansiedade. Essas influências se entrelaçam, criando uma sinfonia dissonante de ansiedade em nossas vidas.

À medida que desvendamos essa complexa teia de causas, torna-se evidente que a ansiedade não é uma mera consequência das nossas ações ou do acaso; é uma resposta intricada a um conjunto intrincado de influências. A ansiedade pode ser vista como um eco da nossa biologia, das nossas interações sociais e das nossas experiências de vida. Ela se manifesta em todos os aspectos do nosso ser, desde os circuitos do nosso cérebro até os cenários da nossa vida diária.

Neste capítulo, vamos desvendar cada uma dessas causas, explorar suas nuances e entender como contribuem para a complexa tapeçaria da ansiedade. Afinal, compreender as causas é o primeiro passo crucial para desenvolver estratégias eficazes de enfrentamento.

## FATORES BIOLÓGICOS, GENÉTICOS E AMBIENTAIS

A ansiedade é um fenômeno resultante de uma interação complexa de fatores biológicos, genéticos e ambientais. A compreensão dessas influências é essencial para desenvolver estratégias de manejo e tratamento mais eficazes, visando abordar a ansiedade de maneira holística. Vamos aprofundar nosso entendimento sobre cada um desses fatores fundamentais.

## Fatores Biológicos

A ansiedade tem uma base biológica sólida, sendo o cérebro o epicentro do processamento dessa emoção. Os neurotransmissores, como a serotonina, a noradrenalina e o GABA, desempenham papéis cruciais. A serotonina, por exemplo, está ligada à regulação do humor e das emoções. O desequilíbrio desses neurotransmissores pode levar a uma resposta ansiogênica desproporcional, característica dos transtornos de ansiedade.

Além dos neurotransmissores, o sistema nervoso central, especialmente o cérebro e a medula espinhal, têm papel crucial na regulação da ansiedade. Partes específicas do cérebro, como a amígdala e o córtex pré-frontal, estão particularmente envolvidas no processamento e na resposta à ansiedade.

O hormônio cortisol, liberado em resposta ao estresse, desempenha um papel significativo no desenvolvimento dos transtornos de ansiedade. Níveis cronicamente elevados de cortisol podem afetar a saúde mental, aumentando a sensibilidade ao estresse e a probabilidade de experimentar ansiedade.

## Fatores Genéticos

A ansiedade, como muitos aspectos da nossa saúde, tem uma intricada conexão com nossa genética. Estudos revelam que a ansiedade tem uma base genética significativa. A predisposição para transtornos de ansiedade pode ser herdada geneticamente, carregando consigo uma herança que influencia a vulnerabilidade individual.

Certos genes têm um papel crucial nesse processo, moldando a maneira como nosso cérebro funciona e regula nossas emoções.

Um histórico familiar de transtornos de ansiedade pode, portanto, aumentar a probabilidade de alguém desenvolver ansiedade. Genes específicos que estão envolvidos na regulação dos neurotransmissores, na resposta ao estresse e na regulação emocional podem ser transmitidos de geração em geração. Esses genes moldam nossa reatividade a situações de estresse e desafios emocionais, influenciando diretamente nossa suscetibilidade à ansiedade.

**Fatores Ambientais**

No entanto, a ansiedade não é uma história escrita apenas nos genes; ela é uma narrativa complexa e multifacetada que também leva em consideração o ambiente que nos cerca. Nossas experiências e exposições ambientais desempenham um papel fundamental em moldar a ansiedade que sentimos.

Estar exposto a situações de alta pressão, ambientes tóxicos ou eventos traumáticos pode servir como um gatilho para a ansiedade. O impacto do ambiente não pode ser subestimado, pois experiências como traumas, abusos, instabilidade familiar, violência ou até mesmo desastres naturais podem ter efeitos profundos e duradouros na nossa saúde mental.

Assim, a ansiedade é uma interação complexa entre nossa predisposição genética e as experiências que vivenciamos. É como uma dança delicada entre nossos genes e o mundo que nos rodeia, uma dança que molda a experiência única de ansiedade de cada pessoa. Compreender essa interconexão nos ajuda a abordar a ansiedade de maneira mais holística e eficaz.

## EXPLORAÇÃO DOS DESENCADEADORES INDIVIDUAIS E COLETIVOS

A ansiedade, complexa e multifacetada, pode ser desencadeada por uma variedade de fatores, tanto a nível individual quanto coletivo. Esses desencadeadores desempenham um papel fundamental no surgimento e na intensidade dos sintomas de ansiedade. Vamos explorar em profundidade os aspectos individuais e coletivos que contribuem para essa resposta emocional.

**Desencadeadores Individuais**

A ansiedade, uma resposta complexa do corpo e mente a estímulos externos ou internos, pode ser desencadeada por diversos fatores. Vamos explorar mais detalhadamente os desencadeadores individuais, que se originam a nível pessoal e têm um impacto significativo na manifestação da ansiedade.

Condições de Saúde Mental Coexistentes: Transtornos de saúde mental, como depressão, transtorno bipolar ou transtorno de estresse pós-traumático, podem estar interligados com a ansiedade. A presença de uma condição pode agravar a ansiedade e vice-versa, criando um ciclo complexo.

Personalidade: Certas características de personalidade, como perfeccionismo, timidamente excessiva e tendências controladoras, podem estar associadas a um maior risco de desenvolver transtornos de ansiedade.

Traumas e Experiências Pessoais: Traumas e experiências passadas são gatilhos potentes para a ansiedade. Eventos traumáticos, especialmente na infância, podem criar um terreno fértil para o desenvolvimento de transtornos de ansiedade mais tarde na vida. Esses eventos podem deixar marcas profundas em nossa psique, levando a uma resposta exagerada de ansiedade em situações semelhantes.

Fobias e Medos Específicos: Fobias são desencadeadores comuns de ansiedade. O medo intenso e irracional de situações ou objetos específicos, como altura, aranhas, voar, entre outros, pode levar a altos níveis de ansiedade quando confrontado com esses elementos.

Estilo de Pensamento e Padrões Cognitivos: O modo como pensamos também é um fator crucial. Padrões de pensamento negativos, como catastrofização (antecipar sempre o pior), generalização (extrapolar um evento negativo para todas as situações) e pensamento polarizado (ver tudo como preto ou branco, sem meio-termo), podem contribuir para a ansiedade crônica.

Expectativas e Pressões Pessoais: Pressões para atender às expectativas pessoais e sociais, como alcançar metas profissionais, manter padrões elevados de desempenho ou cumprir determinados papéis sociais, podem desencadear ansiedade. A preocupação com o fracasso ou com a não aceitação pode ser intensa.

Padrões de Pensamento Negativos: Padrões de pensamento disfuncionais, como pensamento catastrófico, sempre esperando o pior ou antecipando resultados negativos, podem desencadear ansiedade de forma contínua. A interpretação negativa de eventos e experiências pode levar a preocupações e ansiedades excessivas.

Condições de Saúde Física: Condições de saúde física, como problemas cardíacos, problemas respiratórios ou doenças crônicas, podem desencadear ansiedade. A preocupação com a saúde e a sensação de falta de controle sobre o corpo podem levar a um aumento da ansiedade.

Consumo de Substâncias: O uso de substâncias como álcool, drogas ilícitas ou certos medicamentos pode desencadear ansiedade. Algumas substâncias podem afetar o equilíbrio químico do cérebro, levando a sintomas de ansiedade.

Cada pessoa possui uma combinação única de desencadeadores individuais que influenciam sua ansiedade. A compreensão desses fatores é vital para um manejo eficaz da ansiedade.

**Desencadeadores Coletivos**

Os desencadeadores coletivos da ansiedade são fatores que operam em nível social, cultural ou de grupo, exercendo uma influência significativa sobre a ansiedade experimentada por uma comunidade ou sociedade. Vamos aprofundar nossa compreensão sobre esses desencadeadores, destacando sua interconexão com a saúde mental e emocional coletiva.

Eventos Sociais e Culturais Traumáticos: A ocorrência de eventos traumáticos em uma sociedade, como guerras, terrorismo, desastres naturais ou epidemias, pode gerar ansiedade em massa. A incerteza, o medo do desconhecido e a sensação de insegurança resultantes desses eventos podem provocar ansiedade generalizada na população.

Pressões da Sociedade Moderna: A sociedade moderna, muitas vezes focada em sucesso, competitividade e padrões de perfeição, pode gerar ansiedade em muitos indivíduos. A constante pressão para alcançar metas profissionais, atender expectativas sociais e manter uma imagem pública aceitável pode criar um ambiente ansioso e estressante.

Estressores Econômicos: A instabilidade econômica, o desemprego, as dívidas e as preocupações financeiras afetam uma parte significativa da população. A incerteza sobre o futuro financeiro e a pressão para sustentar um padrão de vida podem levar a altos níveis de ansiedade em uma comunidade.

Pressões Culturais: Certas culturas podem impor pressões específicas que contribuem para a ansiedade. Expectativas culturais relacionadas ao casamento, filhos, papéis de gênero ou sucesso profissional podem gerar ansiedade nas pessoas que se sentem incapazes de atender a essas expectativas.

Estigma e Discriminação: A discriminação racial, de gênero, orientação sexual ou social pode causar ansiedade coletiva em grupos marginalizados. O estigma social e a exclusão podem gerar um ambiente de ansiedade persistente nessas comunidades.

Pressões Educacionais: Os sistemas educacionais competitivos podem ser desencadeadores significativos de ansiedade, especialmente em estudantes. As expectativas de desempenho, a competição constante e a pressão para ter sucesso academicamente podem levar a altos níveis de ansiedade.

Normas Sociais e Comportamentais: Normas sociais rígidas ou expectativas comportamentais podem criar ansiedade nas pessoas que não se conformam ou que temem a rejeição social por serem diferentes. A necessidade de se encaixar em determinados padrões pode gerar ansiedade em larga escala. É fundamental reconhecer que esses fatores não operam isoladamente. Eles estão interconectados e podem se reforçar mutuamente. Por exemplo, o estresse crônico pode afetar negativamente a neuroquímica do cérebro, e padrões de pensamento negativos podem surgir como resultado do estresse prolongado.

Exposição às Mídias Sociais e Notícias: A constante exposição a notícias negativas, desastres e tragédias através das mídias sociais e outros meios de comunicação pode contribuir para a ansiedade coletiva. O impacto emocional da sobrecarga de informações e a comparação constante com outras pessoas podem amplificar a ansiedade.

Os desencadeadores coletivos da ansiedade refletem a interação complexa entre indivíduos e sociedade. Eles ilustram como a cultura, a economia, as normas sociais e outros fatores sociais podem influenciar a saúde mental de uma comunidade. A compreensão dessas influências sociais é fundamental para construir um mundo onde a ansiedade seja compreendida e tratada de forma holística e sensível às necessidades coletivas.

Neste capítulo, exploramos as complexidades dos fatores biológicos, genéticos e ambientais que contribuem para o espiral da ansiedade. Agora, é o momento de direcionar nossa atenção para uma das facetas mais proeminentes e desafiadoras da ansiedade na sociedade moderna: o perfeccionismo. No próximo capítulo, vamos adentrar o universo do perfeccionismo e desvendar como ele está intrinsecamente ligado à ansiedade, e como podemos encontrar um equilíbrio saudável entre a busca pela excelência e a nossa saúde mental.

A caminhada pela compreensão da ansiedade continua, com a esperança de que cada passo nos conduza mais perto de uma vida plena e gratificante, livre das amarras da ansiedade.

# 4
# ANSIEDADE E PERFECCIONISMO

*Desafie o perfeccionismo, celebre o progresso,
e liberte-se das algemas da expectativa infinita.*

A procura incessante pela perfeição, uma busca que percorre os corredores de nossas ambições e expectativas, é uma dança intrincada e muitas vezes angustiante que muitos de nós executamos em nossas vidas. É uma dança que começa com o desejo nobre de alcançar a excelência, mas que pode rapidamente se tornar uma armadilha emocional, enredando-nos em um ciclo implacável de ansiedade.

No coração dessa busca está o perfeccionismo, um atributo que pode ser tanto um amigo quanto um inimigo. Em sua forma mais nobre, o perfeccionismo pode nos motivar a buscar o melhor em nós mesmos, a buscar a maestria e aprimorar nossas habilidades. No entanto, em sua forma mais desafiadora, torna-se uma camisa de ferro que sufoca a autoaceitação, que nos faz reféns de padrões impossivelmente altos e nos mergulha em um oceano de ansiedade.

Este capítulo é uma exploração profunda dessa interconexão entre ansiedade e perfeccionismo. Iremos desvendar as raízes desse desejo insaciável por perfeição e como ele é, muitas vezes, o precursor silencioso da ansiedade que nos assombra. Examinaremos as origens profundas, os padrões de pensamento que o alimentam e as armadilhas emocionais que nos enredam quando nos esforçamos implacavelmente pela excelência.

À medida que mergulhamos nessa exploração, abordaremos estratégias eficazes para enfrentar e redirecionar o perfeccionismo de uma maneira mais saudável. Vamos aprender a dançar com a busca pela excelência sem nos perdermos na coreografia da ansiedade. Afinal, é possível buscar a maestria sem deixar nossa saúde mental para trás. É possível redefinir o significado de perfeição, abraçando nossa humanidade e celebrando o progresso sobre a perfeição.

## A RELAÇÃO ENTRE A BUSCA PELA PERFEIÇÃO E A ANSIEDADE

A relação entre a busca pela perfeição e a ansiedade é uma complexa e muitas vezes conflituosa interação entre nossos desejos de alcançar altos padrões e a pressão psicológica que essa busca exerce sobre nós. Vamos explorar mais profundamente essa relação, desvendando os mecanismos psicológicos que a alimentam.

### Idealização e Pressão Interna

A idealização começa com a criação de um padrão ideal em nossas mentes, muitas vezes inalcançável e irrealista. Imaginamos a pessoa perfeita que queremos ser, as metas perfeitas que queremos alcançar e a vida perfeita que queremos viver.

Essa visão idealizada cria uma pressão interna avassaladora. Sentimos uma necessidade intensa de alcançar esses padrões a todo custo, e isso pode levar a uma ansiedade constante. Quanto mais nos esforçamos para atingir essa perfeição imaginária, mais ansiosos nos tornamos. O medo constante de não estar à altura dessas expectativas inatingíveis nos assombra diariamente.

Essa pressão interna pode resultar em uma variedade de consequências para nossa saúde mental. Desde altos níveis de estresse e ansiedade até sentimentos de inadequação e baixa autoestima. A constante luta para atender a esses padrões pode afetar nossa felicidade e satisfação com a vida.

Para combater essa armadilha da idealização e pressão interna, é vital desenvolver uma perspectiva mais realista e compassiva sobre nós mesmos. Isso inclui aceitar nossas imperfeições e entender que o progresso é mais importante do que a perfeição. Aprender a valorizar nossas jornadas e conquistas, por menores que sejam, é essencial para aliviar essa pressão implacável e viver uma vida mais equilibrada e feliz.

### Medo do Julgamento e Rejeição Social

O perfeccionismo muitas vezes tem suas raízes no temor do julgamento negativo por parte dos outros. Em uma sociedade onde a imagem que projetamos é altamente valorizada, qualquer desvio dessa imagem idealizada é frequentemente visto como uma falha.

Esse medo constante de ser avaliado e criticado pelos outros pode levar a uma ansiedade paralisante. O receio de não corresponder às expectativas da sociedade ou de ser visto como menos do que perfeito pode nos impedir de agir de forma autêntica. Podemos sentir uma pressão esmagadora para ocultar nossas imperfeições e inseguranças, resultando em uma representação distorcida de nós mesmos.

Essa ansiedade em relação ao julgamento social pode impactar profundamente nossa saúde mental. Pode levar a um ciclo vicioso de autoexigência, onde buscamos atender a padrões inatingíveis para evitar o julgamento alheio. Isso, por sua vez, pode aumentar os níveis de estresse e ansiedade, prejudicando nossa autoestima e bem-estar emocional.

Para superar esse medo paralisante, é essencial trabalhar na aceitação de nossa autenticidade. Isso implica em valorizar a nossa verdadeira essência, incluindo nossas falhas e imperfeições, e reconhecer que é impossível agradar a todos. Desenvolver autoconfiança e aprender a não depender excessivamente da validação externa são passos cruciais para romper com o ciclo do medo do julgamento e da rejeição social.

**Autoexigência**

A autoexigência é a busca constante pela perfeição, a necessidade de alcançar objetivos ambiciosos e ser impecável em tudo o que fazemos. Esse desejo de excelência pode se transformar em uma fonte de ansiedade considerável.

Ao estabelecer padrões muito altos, criamos uma constante pressão interna para alcançar essas expectativas elevadas. Queremos ser os melhores, tanto profissionalmente quanto pessoalmente, e, muitas vezes, não nos permitimos falhar ou cometer erros. Essa rigidez em relação a nós mesmos pode levar a uma carga excessiva de estresse e ansiedade.

O medo de não atingir nossas próprias expectativas pode se tornar uma fonte debilitante de ansiedade. Sentimos uma pressão constante para sermos perfeitos e, quando não alcançamos esse ideal, podemos nos sentir inadequados e insuficientes. Esse ciclo de autoexigência e ansiedade pode ser altamente prejudicial para nossa saúde mental.

Para lidar com a autoexigência e seus impactos na ansiedade, é essencial reavaliar e reajustar nossas expectativas. Precisamos aprender a ser compassivos conosco mesmos, aceitando que somos humanos e, portanto, suscetíveis a falhas e imperfeições. É importante estabelecer metas realistas e alcançáveis, reconhecendo que o progresso é mais importante do que a perfeição.

Além disso, desenvolver uma mentalidade de crescimento, na qual vemos os desafios como oportunidades de aprendizado e crescimento, pode nos ajudar a lidar com a autoexigência de forma mais saudável. Buscar apoio de um profissional de saúde mental também pode ser fundamental para aprender estratégias eficazes para manejar a autoexigência e reduzir a ansiedade associada a ela.

**Comparação e Competição Desenfreada**

A comparação constante com os outros e a competição desenfreada podem ter efeitos significativos em nossa saúde mental e emocional. A era digital e a proliferação das redes sociais trouxeram um novo cenário em que as pessoas compartilham suas conquistas, viagens, realizações profissionais e aspectos positivos de suas vidas de forma pública. A exposição constante a essas informações pode criar uma sensação de pressão para que nós também alcancemos esses padrões ou superemos as realizações dos outros.

O ato de se comparar com os outros é natural e, em muitos casos, pode servir como um impulso para nos esforçarmos e alcançarmos nossos objetivos. No entanto, quando essa comparação se torna obsessiva e constante, pode levar a altos níveis de ansiedade e estresse. Medimos nossa própria valia e sucesso pelos padrões que vemos nos outros, muitas vezes esquecendo que cada pessoa tem seu próprio percurso e circunstâncias únicas.

A competição desenfreada decorre dessa comparação constante, onde sentimos a necessidade de não apenas acompanhar os outros, mas de superá-los. Isso pode resultar em um ciclo de esforço excessivo, ansiedade e, por vezes, desgaste emocional. A necessidade de se destacar e ser percebido como bem-sucedido na sociedade pode contribuir para uma sensação constante de inadequação e ansiedade.

Para lidar com esse padrão, é essencial praticar a consciência e a aceitação de que cada pessoa tem sua própria jornada e seus próprios desafios. É importante reconhecer que as conquistas dos outros não diminuem nossas próprias realizações. Focar em metas pessoais realistas e valorizar o progresso individual pode ajudar a aliviar a pressão da comparação e da competição desenfreada.

Além disso, limitar a exposição às redes sociais e cultivar uma mentalidade de gratidão pelo que temos e conquistamos pode contribuir para um maior equilíbrio emocional. Buscar apoio de um profissional de saúde mental também pode ser útil para desenvolver estratégias eficazes para lidar com a ansiedade gerada por essa comparação constante e competição desenfreada na sociedade atual.

**Sensação de Falta de Controle**

O anseio pela perfeição frequentemente está enraizado na crença ilusória de que, se pudermos controlar cada variável em nossas vidas e alcançar padrões ideais, teremos uma vida perfeitamente sob controle. A percepção equivocada é que, ao atingir essa perfeição, seremos imunes a contratempos, falhas ou situações imprevisíveis.

No entanto, a realidade é que não podemos controlar todos os aspectos da vida. A vida é inerentemente incerta e imperfeita. Eventos inesperados, mudanças de circunstâncias e desafios inesperados são parte integrante da existência humana. A sensação de falta de controle surge quando percebemos a inevitabilidade e a imprevisibilidade da vida, mesmo quando estamos empenhados em alcançar a perfeição.

Essa busca desenfreada pela perfeição é, muitas vezes, uma tentativa de compensar essa falta de controle percebida. Acreditamos erroneamente que, ao alcançar um estado de perfeição em diferentes áreas de nossas vidas, poderemos dominar todas as eventualidades e garantir que tudo saia conforme o planejado. Essa ilusão cria uma pressão insuportável para atingir padrões inatingíveis.

A sensação de falta de controle, alimentada pela busca pela perfeição, pode levar a altos níveis de ansiedade. O medo de perder o controle, de não atingir os padrões estabelecidos e de enfrentar falhas pode se tornar debilitante. A ansiedade surge da tentativa constante de antecipar e mitigar todos os possíveis contratempos, o que é impossível de fazer em um mundo complexo e imprevisível.

Lidar com essa sensação de falta de controle requer uma mudança de mentalidade. É importante aceitar a natureza imprevisível da vida e aprender a tolerar a incerteza. Aceitar que não podemos controlar tudo é um passo crucial para aliviar a ansiedade associada à busca pela perfeição. Aprender a adaptar-se e a lidar com o inesperado de maneira saudável e equilibrada pode promover uma melhor saúde mental e emocional.

A interação entre a busca pela perfeição e a ansiedade é um ciclo de expectativas elevadas, medo constante de falhar, autoexigência, comparação incessante e uma sensação de que nunca é o suficiente. É crucial reconhecer que a perfeição é uma miragem inatingível e, ao invés disso, buscar a excelência, o progresso e a autenticidade. Aceitar nossas imperfeições e valorizar a jornada é um passo crucial para aliviar a ansiedade que surge dessa busca incansável pela perfeição.

## ESTRATÉGIAS PARA LIDAR COM A NECESSIDADE DE SER PERFEITO E SUAS CONEXÕES COM A ANSIEDADE

Lidar com a necessidade de ser perfeito e suas conexões com a ansiedade é um processo desafiador, mas é fundamental para promover o bem-estar mental e emocional. Vamos explorar estratégias práticas e eficazes para enfrentar esse padrão de perfeccionismo e aliviar a ansiedade associada.

**Identificação e Conscientização**

O primeiro passo é reconhecer que você está preso ao ciclo do perfeccionismo e à ansiedade que ele gera. Esteja consciente dos padrões rígidos que você impõe a si mesmo e das pressões que sente para ser perfeito em todos os aspectos da vida. A autoconsciência é o ponto de partida crucial para a mudança.

### Praticar a Aceitação da Imperfeição

Aceitar que a perfeição é uma meta irrealista e que é natural cometer erros é o primeiro passo para aliviar a ansiedade associada ao perfeccionismo. Abraçar nossas imperfeições nos permite viver com menos pressão e julgamento constante. São considerações adicionais:

Humanidade Compartilhada: Lembre-se de que todos, sem exceção, cometem erros e enfrentam desafios. A imperfeição faz parte da experiência humana. Reconhecer isso pode ajudar a reduzir a pressão de ser perfeito.

Requadro de Erros: Em vez de ver os erros como fracassos, encare-os como oportunidades de crescimento. Cada erro contém lições valiosas que podem melhorar seu desempenho futuro.

### Praticar a Autocompaixão

Em vez de se punir por erros ou falhas, devemos aprender a nos tratar com a mesma compaixão e bondade que trataríamos um amigo. A autocompaixão nos ajuda a afastar a ansiedade que surge da autoexigência implacável. Aqui estão alguns insights adicionais:

Autoempatia: Cultivar a autoempatia envolve falar consigo mesmo da mesma maneira que você falaria com um amigo querido em momentos difíceis. Em vez de críticas severas, ofereça a si mesmo palavras de encorajamento e apoio.

Tratamento com Gentileza: Lembre-se de que você merece ser tratado com gentileza e respeito, independentemente de seu desempenho ou realizações. Nutrir um relacionamento saudável consigo mesmo é essencial para reduzir a ansiedade.

### Focar no Processo, não Apenas no Resultado

Ao invés de obsessivamente focar apenas no resultado final e em padrões de perfeição, é importante valorizar o processo. Apreciar cada etapa e aprender com as experiências pode reduzir a ansiedade associada ao desejo de perfeição.

*Mindset* de Crescimento: Adote um "*mindset*" de crescimento, que se concentra no aprendizado contínuo e no desenvolvimento pessoal. Isso ajuda a reduzir a pressão de atingir resultados imediatos e perfeitos.

Apreciar Pequenas Vitórias: Ao celebrar as pequenas vitórias e marcos ao longo do caminho, você reconhece o progresso, mantém a motivação e reduz a ansiedade relacionada ao resultado final.

### Estabelecer Metas Realistas e Alcançáveis

É vital definir metas realistas, levando em consideração nossas habilidades e circunstâncias. Metas alcançáveis nos permitem progredir de maneira saudável e realista, reduzindo a ansiedade relacionada à autoexigência irracional.

*SMART Goals*: Considere o uso do método *SMART* (Específicas, Mensuráveis, Atingíveis, Relevantes e Temporizadas) para definir metas que sejam claras, alcançáveis e adaptadas à sua realidade.

Avaliação Regular: Periodicamente, avalie suas metas para garantir que elas permaneçam realistas e relevantes, fazendo ajustes conforme necessário.

**Aprender com os Erros**

Veja os erros e falhas como oportunidades de aprendizagem. Em vez de se desesperar quando cometer um erro, analise-o objetivamente, identifique o que pode aprender com ele e aplique essas lições no futuro. Essa abordagem ajuda a diminuir a ansiedade relacionada ao medo de falhar.

Autorreflexão Construtiva: Aprofunde sua compreensão sobre os erros, buscando padrões e maneiras de melhorar.

Implementação de Melhorias: Transforme o aprendizado em ação, ajustando suas abordagens para alcançar um desempenho mais eficaz.

**Estabelecer Limites Saudáveis**

Aprenda a estabelecer limites realistas para si mesmo. Reconheça suas capacidades e saiba quando é hora de descansar e se cuidar. Não se sobrecarregue com expectativas excessivas e tarefas intermináveis. Estabelecer limites saudáveis pode ajudar a aliviar a ansiedade decorrente da pressão constante.

Priorização: Identifique suas prioridades e concentre-se nelas. Aprenda a dizer não a compromissos que não contribuam para seu bem-estar.

Tempo para o Autocuidado: Reserve tempo regularmente para cuidar de si mesmo, seja através de atividades relaxantes, exercícios ou hobbies que lhe tragam alegria.

**Buscar Ajuda Profissional**

Se o perfeccionismo e a ansiedade persistirem, considere procurar a ajuda de um profissional de saúde mental. Terapeutas especializados podem oferecer técnicas específicas, como terapia cognitivo-comportamental (TCC), para lidar com o perfeccionismo e suas conexões com a ansiedade.

Parceria Terapêutica: Trabalhe em conjunto com um terapeuta para entender e superar os padrões perfeccionistas, promovendo a cura e o crescimento.

**Praticar *Mindfulness* e Relaxamento**

A prática da *mindfulness* e de técnicas de relaxamento, como a respiração consciente e a meditação, pode ajudar a reduzir a ansiedade associada à necessidade de ser perfeito. Ao focar no presente e acalmar a mente, você pode aliviar a pressão do perfeccionismo.

Exercícios Regulares: Dedique tempo diariamente para exercícios de mindfulness, como meditação, respiração consciente ou ioga. Isso ajudará a acalmar a mente e a reduzir a ansiedade.

Aplicação no Cotidiano: Além de sessões formais de mindfulness, pratique a consciência plena em situações cotidianas. Esteja presente no momento, em vez de se preocupar com perfeição ou resultados futuros.

### Celebrar o Progresso

Aprenda a celebrar o progresso, não apenas o resultado final. Aplauda-se por cada pequena conquista e reconheça seu esforço. Isso ajuda a manter uma perspectiva positiva e a reduzir a ansiedade relacionada à busca pela perfeição.

Recompensas Simbólicas: Crie recompensas ou rituais para celebrar suas conquistas, por menores que sejam. Isso reforça um senso de realização e incentiva a continuidade do progresso.

Gratidão Diária: Pratique a gratidão, reconhecendo as coisas pelas quais você é grato diariamente. Isso ajuda a cultivar uma mentalidade positiva.

A busca incessante pela perfeição é uma jornada extenuante, um labirinto emocional que muitas vezes nos aprisiona em expectativas inalcançáveis. O perfeccionismo, com suas raízes profundas no desejo de ser irrepreensível, na autoexigência desmedida e no medo persistente de falhar, é uma fonte significativa de ansiedade em nossas vidas. Esta ansiedade, alimentada por um desejo implacável de perfeição, pode corroer nossa saúde mental, minando nossa autoestima e deixando-nos ansiosos pela avaliação implacável dos outros.

No próximo capítulo, adentraremos o território dos impactos da ansiedade em nossa saúde mental. Exploraremos de que forma a ansiedade afeta nossas mentes, emoções e bem-estar geral. Entender as ramificações dessa interação complexa é um enorme passo para cultivar uma relação mais saudável com nossas próprias expectativas, buscando um equilíbrio entre a busca pela excelência e a aceitação amorosa de nossas imperfeições.

# 5
# IMPACTOS NA SAÚDE MENTAL

*A mente é resiliente; descubra sua força
e transforme a ansiedade em empoderamento.*

A ansiedade é um intrincado labirinto de emoções e pensamentos que, quando descontrolados, podem ter efeitos significativos em nossa saúde mental. Ela é uma resposta natural e adaptativa diante de situações de estresse, preparando-nos para lidar com desafios iminentes. No entanto, quando a ansiedade se torna crônica, excedendo os limites do saudável, ela se transforma em um obstáculo que pode prejudicar a qualidade de vida, afetar nossa cognição, perturbar nossas emoções e impactar até mesmo nossos relacionamentos.

Este capítulo tem o objetivo de adentrar nos meandros dessa complexa relação entre ansiedade e saúde mental. Juntos, vamos explorar os efeitos profundos e muitas vezes insidiosos que a ansiedade pode exercer sobre nosso bem-estar psicológico à curto e longo prazo. Compreender a natureza desses impactos é vital para que possamos buscar tratamentos e estratégias de enfrentamento apropriados.

Nesse contexto, este capítulo visa não apenas educar sobre os impactos da ansiedade na saúde mental, mas também destacar estratégias e técnicas que podem auxiliar na mitigação desses efeitos adversos. Ter um arsenal de ferramentas que nos permita enfrentar a ansiedade é fundamental para uma vida equilibrada e produtiva.

## CONSEQUÊNCIAS PSICOLÓGICAS DA ANSIEDADE

A ansiedade é uma experiência universal, uma resposta natural do corpo humano ao estresse e às ameaças percebidas. No entanto, quando essa resposta se torna crônica ou excessiva, pode desencadear uma série de consequências psicológicas significativas. Vamos explorar as implicações da ansiedade para a saúde mental, examinando os transtornos de ansiedade, a relação com a depressão e a síndrome de burnout, bem como seu impacto na autoestima e confiança.

**Transtornos de Ansiedade**

A ansiedade em si não é patológica; na verdade, é uma parte essencial da experiência humana. No entanto, quando a ansiedade se torna intensa e persistente, pode evoluir para transtornos de ansiedade clinicamente significativos. Os transtornos de ansiedade são caracterizados por preocupações e medos excessivos, acompanhados por sintomas físicos e psicológicos.

Transtorno de Ansiedade Generalizada (TAG): Pessoas com TAG experimentam ansiedade crônica e preocupação constante em relação a diversos aspectos da vida, como trabalho, saúde, família e relacionamentos. Essas preocupações são difíceis de controlar e podem levar a sintomas físicos, como tensão muscular e insônia.

Transtorno do Pânico: O transtorno do pânico é marcado por ataques súbitos e intensos de ansiedade, conhecidos como ataques de pânico. Esses episódios podem ser tão aterrorizantes que a pessoa pode temer ter outro ataque, levando a um ciclo de ansiedade constante.

Transtorno de Estresse Pós-Traumático (TEPT): O TEPT ocorre após a exposição a eventos traumáticos, como acidentes, abusos ou situações de violência. Os sintomas incluem pesadelos, flashbacks e hipervigilância, juntamente com ansiedade intensa.

Fobias: As fobias são medos intensos e irracionais de objetos, situações ou animais específicos. A exposição a esses gatilhos desencadeia ansiedade extrema, levando a evitar essas situações a todo custo.

Transtorno Obsessivo-Compulsivo (TOC): O TOC é caracterizado por pensamentos intrusivos e indesejados (obsessões) que levam a comportamentos repetitivos e rituais (compulsões) destinados a aliviar a ansiedade. Essas ações podem consumir muito tempo e energia.

Transtorno de Ansiedade Social (Fobia Social): A fobia social envolve um medo intenso de julgamento ou humilhação em situações sociais. Isso pode levar a evitar interações sociais, o que pode ter um impacto significativo na vida pessoal e profissional.

### Depressão e Ansiedade

A relação entre ansiedade e depressão é complexa e muitas vezes bidirecional. Muitas pessoas com transtornos de ansiedade também experimentam sintomas depressivos, e vice-versa. Isso é conhecido como comorbidade, onde duas ou mais condições de saúde mental coexistem em uma pessoa.

A ansiedade e a depressão compartilham sintomas comuns, como dificuldade em dormir, fadiga, irritabilidade e dificuldade de concentração. Essas sobreposições podem tornar o diagnóstico e o tratamento mais desafiadores. Quando a ansiedade e a depressão ocorrem juntas, elas podem ser mais debilitantes do que quando cada uma ocorre isoladamente.

A preocupação excessiva e a ruminação, características da ansiedade, podem levar a pensamentos negativos e pessimismo, contribuindo para os sintomas depressivos. Além disso, o isolamento social resultante da ansiedade pode aumentar o risco de desenvolver depressão.

### Síndrome de Burnout

A síndrome de burnout é um estado de exaustão física e emocional devido ao estresse crônico, muitas vezes relacionado ao trabalho. Embora não seja um transtorno de ansiedade em si, há uma sobreposição significativa entre a ansiedade e o burnout. Pessoas com burnout frequentemente experimentam ansiedade devido à sobrecarga e pressão constante.

Os sintomas do burnout incluem exaustão, cinismo em relação ao trabalho, redução do desempenho e sintomas físicos, como dores de cabeça e insônia. A ansiedade pode surgir como uma resposta ao estresse prolongado associado ao burnout, levando a uma sensação avassaladora de sobrecarga.

**Ciclo Destrutivo: Ansiedade, Depressão e Burnout**

Essas condições – ansiedade, depressão e síndrome de burnout – podem criar um ciclo destrutivo. A ansiedade pode levar ao esgotamento e à fadiga crônica, desencadeando ou agravando sintomas depressivos. Por sua vez, a depressão pode aumentar a ansiedade, criando um ciclo que enfraquece a saúde mental e física.

Esse ciclo pode tornar as atividades diárias desafiadoras e minar a qualidade de vida de uma pessoa. As responsabilidades do trabalho, as interações sociais e até as tarefas mais simples podem parecer esmagadoras, levando a uma espiral descendente de piora do estado mental.

Diante dessa interconexão complexa entre ansiedade, depressão e burnout, é crucial buscar ajuda profissional para diagnóstico e tratamento adequados. Um plano de tratamento integrado que aborde não apenas os sintomas, mas também as causas subjacentes, pode ser altamente eficaz.

As terapias cognitivo-comportamentais (TCC) são frequentemente utilizadas para tratar transtornos de ansiedade e depressão. Elas ajudam os indivíduos a identificar e modificar padrões de pensamento negativos e comportamentos disfuncionais, promovendo habilidades de enfrentamento saudáveis.

Além disso, estratégias de gerenciamento de estresse, práticas de relaxamento, mudanças no estilo de vida e apoio emocional são componentes essenciais do tratamento. O envolvimento em atividades que tragam prazer e significado, como hobbies ou atividades sociais, também pode contribuir para a recuperação.

## COMO A ANSIEDADE AFETA A AUTOESTIMA E A CONFIANÇA

A relação entre ansiedade, autoestima e confiança é uma teia intrincada de interações psicológicas que moldam nossa percepção de nós mesmos e nosso lugar no mundo. A ansiedade pode ter um impacto profundo e duradouro na autoestima e na confiança, afetando nossa visão de nós mesmos e nosso relacionamento com os outros. Vamos explorar mais detalhadamente como a ansiedade afeta esses aspectos cruciais de nossa saúde mental e bem-estar.

**Autocrítica Excessiva e a Erosão da Autoestima**

A ansiedade cria um terreno fértil para a autocrítica implacável. Vivemos constantemente em um estado de alerta elevado, avaliando cada ação, palavra ou decisão que tomamos, em busca de qualquer sinal de falha ou inadequação. Esse padrão de autocrítica constante mina gradualmente nossa autoestima, tornando-se uma voz interior cruel que amplifica cada erro, por menor que seja, transformando-os em provas de nossa suposta inaptidão.

A autocrítica e a ansiedade formam um ciclo vicioso perigoso. A ansiedade leva à autocrítica, pois nos tornamos excessivamente conscientes e preocupados com a possibilidade de cometer erros. A autocrítica, por sua vez, aumenta a ansiedade, gerando mais medo de falhar. Esse ciclo destrutivo pode levar a um declínio progressivo da autoestima e autoconfiança.

A autocrítica constante e a erosão resultante da autoestima têm um impacto profundo em todas as áreas de nossas vidas. Afeta nosso desempenho no trabalho, minando a confiança em nossas habilidades e competências. Nos relacionamentos pessoais, a baixa autoestima pode criar barreiras para a intimidade e a conexão genuína. Essa erosão da autoestima se estende a nossa visão sobre nós mesmos, moldando nossas identidades e nosso senso de valor próprio.

A jornada para superar a autocrítica é uma jornada em direção à aceitação de si mesmo, ao amor-próprio e à construção de uma autoestima saudável. É um passo crucial para desfrutar de uma vida plena e gratificante.

**Insegurança: A Semente da Dúvida**

A ansiedade muitas vezes encontra sua origem na insegurança, uma semente insidiosa de dúvida plantada profundamente em nossa psique. A sensação persistente de não ser bom o suficiente ou de não possuir a capacidade necessária para enfrentar os desafios da vida é o solo fértil para a ansiedade prosperar. Vamos explorar mais sobre esse tema e suas implicações.

A insegurança pode se originar de diversas fontes, como experiências passadas de fracasso, rejeição, traumas, educação rigorosa ou padrões sociais inatingíveis. Essas experiências moldam nossa percepção de nós mesmos e do mundo ao nosso redor, levando-nos a duvidar de nossa competência.

Essa insegurança, quando não abordada, alimenta a ansiedade. Mesmo quando alcançamos sucesso e recebemos validação externa, a insegurança persiste, criando um ciclo prejudicial. A ansiedade nos faz temer que os outros descubram nossa suposta inadequação, gerando mais insegurança e ansiedade.

A insegurança mina nossa confiança em nossas habilidades e competências. Ela nos impede de arriscar e de nos desafiarmos, limitando nosso crescimento pessoal e profissional. Essa falta de autoconfiança pode sabotar relacionamentos, carreiras e objetivos de vida, levando a uma autoestima prejudicada.

Superar a insegurança é um passo essencial para romper o ciclo da ansiedade. Ao cultivar uma mentalidade positiva e aprender a confiar em nossas habilidades, podemos não apenas aliviar a ansiedade, mas também levar uma vida mais plena e gratificante.

## O Medo do Julgamento e a Prisão da Inautenticidade

A ansiedade social é um desafio significativo para muitas pessoas, onde o medo do julgamento dos outros se torna uma realidade diária. Neste contexto, as interações sociais, algo que deveria ser natural e confortável, tornam-se fontes intensas de estresse. Vamos explorar mais a fundo essa dinâmica e como ela afeta nossa autenticidade e autoestima.

A ansiedade social geralmente tem raízes profundas em experiências passadas, traumas, bullying, ou até mesmo na falta de experiência social. Ela pode se manifestar como medo de falar em público, interagir em reuniões ou até mesmo em situações sociais mais informais.

O medo do julgamento dos outros cria um ciclo vicioso. Começa com a antecipação ansiosa de uma interação social, seguida pelo medo intenso durante a interação e, frequentemente, culmina em um pós-evento de análise excessiva, onde reavaliamos cada detalhe da interação, muitas vezes de forma negativa.

Esse medo constante do julgamento nos leva a criar máscaras e fachadas para nos proteger. Em vez de sermos autênticos e expressarmos quem realmente somos, representamos um papel para evitar o julgamento. Isso erode nossa autoestima, pois estamos constantemente vivendo uma versão distorcida de nós mesmos.

Superar o medo do julgamento requer tempo, paciência e esforço contínuo. Ao trabalhar na aceitação de quem somos, desafiar nossos medos e buscar suporte quando necessário, podemos libertar-nos da prisão da inautenticidade e viver de maneira mais genuína, melhorando nossa autoestima e bem-estar emocional.

## Evitar Desafios e a Erosão da Autoconfiança

A ansiedade muitas vezes nos conduz a evitar situações que percebemos como desafiadoras ou desconfortáveis. Ainda que essa evitação proporcione um alívio temporário do desconforto, a longo prazo, mina nossa autoconfiança e inibe nosso desenvolvimento pessoal. Vamos aprofundar essa dinâmica e explorar estratégias para superar o ciclo de evitar desafios.

A evitação é uma estratégia comum para lidar com a ansiedade. É uma reação natural para evitar o desconforto emocional que as situações desafiadoras podem trazer. No entanto, essa evitação constante nos impede de enfrentar e superar nossos medos e desafios.

Ao evitar desafios, perdemos oportunidades valiosas de crescimento pessoal e profissional. Isso contribui para a erosão da autoconfiança, pois nunca enfrentamos e superamos esses obstáculos para provar a nós mesmos nossa capacidade de lidar com eles.

A evitação cria um ciclo prejudicial. Evitamos uma situação desafiadora, o que nos traz alívio temporário da ansiedade. No entanto, essa evitação reforça nossa crença de que não somos capazes de enfrentar essa situação, minando ainda mais nossa autoconfiança.

A evitação de desafios, embora possa proporcionar conforto temporário, tem um custo a longo prazo para nossa autoconfiança e crescimento pessoal. Ao enfrentar nossos medos e desafios de frente, mesmo que aos poucos, podemos reconstruir nossa autoconfiança, aprender e crescer. Tenha em mente que é através dos desafios que crescemos e nos tornamos a melhor versão de nós mesmos.

**Pensamentos Catastróficos e a Quebra da Autoestima**

A ansiedade muitas vezes está interligada a uma narrativa mental negativa e distorcida, resultando em pensamentos catastróficos. Esses pensamentos exacerbados e excessivamente negativos antecipam os piores desfechos em diversas situações, levando a uma degradação da autoestima. Vamos examinar mais profundamente essa dinâmica e explorar maneiras de reverter esse padrão.

Os pensamentos catastróficos são distorções cognitivas que amplificam o lado negativo das circunstâncias e minimizam o positivo. Eles tendem a ser irracionais, exagerados e não baseados em fatos reais.

Esses pensamentos constantes de desastre minam nossa autoestima, pois nos convencem de nossa suposta incapacidade de superar os desafios que enfrentamos. Ao nos convencer de que o pior está sempre prestes a acontecer, perdemos a confiança em nossas habilidades e competências.

Os pensamentos catastróficos desencadeiam uma cascata de ansiedade e medo, levando a mais pensamentos negativos e autoavaliação prejudicial. Isso forma um ciclo vicioso que afeta a percepção que temos de nós mesmos e do nosso potencial.

Os pensamentos catastróficos são como algemas que prendem nossa autoestima e autoconfiança. Desafiá-los e cultivar uma atitude positiva podem ajudar a reconstruir nossa autoimagem e nos capacitar a enfrentar os desafios da vida com coragem e resiliência. Conscientize-se que você é mais forte do que seus pensamentos negativos.

## EFEITOS DE LONGO PRAZO DA ANSIEDADE EM NOSSA SAÚDE MENTAL

A ansiedade, quando persistente e não gerida ao longo do tempo, pode resultar em uma série de impactos significativos em nossa saúde mental. Esses efeitos de longo prazo podem alterar nossa qualidade de vida, funcionamento diário e relacionamentos interpessoais, manifestando-se de várias maneiras:

### Transtornos de Ansiedade Crônicos

A ansiedade, quando persistente e não gerida ao longo do tempo, pode evoluir para uma gama de transtornos de ansiedade crônicos, cada um com suas próprias características e impactos na vida diária. Esses transtornos podem ser verdadeiramente debilitantes, afetando tanto a qualidade de vida quanto a capacidade de desfrutar plenamente das experiências e interações sociais.

Transtorno de Ansiedade Generalizada (TAG): Este transtorno é caracterizado por preocupações crônicas e excessivas em relação a várias situações da vida cotidiana. Indivíduos com TAG frequentemente têm dificuldade em controlar suas preocupações e podem sentir uma ansiedade constante, mesmo quando não há uma ameaça iminente. Isso pode impactar negativamente seu desempenho no trabalho, nas relações interpessoais e na saúde física.

Transtorno do Pânico: Pessoas com transtorno do pânico experimentam ataques de pânico repentinos e intensos, acompanhados por uma sensação avassaladora de medo e terror, mesmo quando não há uma ameaça real. Esses ataques podem levar a uma preocupação persistente sobre quando ocorrerá o próximo ataque, levando a evitação de lugares ou situações onde os ataques podem ocorrer.

Transtorno de Estresse Pós-Traumático (TEPT): O TEPT é uma resposta prolongada e intensa a um evento traumático, como abuso, acidentes ou experiências de combate. Os sintomas incluem flashbacks, pesadelos, hipervigilância e evitação de gatilhos relacionados ao trauma. Isso pode ter um impacto profundo na qualidade de vida e na capacidade de se envolver em atividades cotidianas.

Fobias Específicas: As fobias são medos intensos e irracionais de objetos, animais, situações ou atividades específicas. Esses medos podem ser tão debilitantes que levam a uma evitação extrema do objeto ou situação temida, interferindo nas atividades diárias e na felicidade geral.

Transtorno Obsessivo-Compulsivo (TOC): O TOC é caracterizado por obsessões, pensamentos repetitivos e indesejados, muitas vezes acompanhados de comportamentos compulsivos para aliviar a ansiedade gerada pelas obsessões. Esses rituais compulsivos podem consumir muito tempo e interferir no funcionamento diário.

Esses transtornos de ansiedade crônicos não apenas afetam a saúde mental, mas também têm um impacto considerável no funcionamento diário e nas interações sociais. É crucial buscar ajuda profissional para avaliação, diagnóstico adequado e tratamento, que pode incluir terapia, medicação e estratégias de enfrentamento para gerenciar eficazmente esses transtornos e melhorar a qualidade de vida. A conscientização sobre esses transtornos é fundamental para reduzir o estigma e encorajar aqueles que sofrem a buscar ajuda e apoio.

**Depressão**

A ansiedade prolongada não apenas carrega o fardo de sua própria angústia, mas pode desencadear ou intensificar a depressão, uma condição mental grave que afeta amplamente nossa vida emocional, cognitiva e comportamental.

Início e Progressão: A ansiedade crônica pode servir como um terreno fértil para o desenvolvimento da depressão. A preocupação constante, a sensação de desamparo e a apreensão incessante podem minar gradualmente nossa resiliência emocional, levando a um estado de tristeza persistente e desesperança.

Sintomas Ampliados: A presença simultânea de ansiedade e depressão muitas vezes amplifica os sintomas de ambas as condições. Os pensamentos intrusivos e as preocupações excessivas da ansiedade se mesclam com a tristeza profunda, levando a uma carga emocional esmagadora. A exaustão física e mental também se torna mais pronunciada.

Desesperança e Desamparo: A ansiedade prolongada pode erodir nossa capacidade de ver uma luz no fim do túnel. A incansável batalha contra a ansiedade pode nos deixar sentindo que não há saída, o que contribui para a desesperança, um componente-chave da depressão.

Isolamento e Retraimento: A ansiedade pode nos levar a nos retirar do mundo, evitando situações sociais e até mesmo atividades cotidianas. Essa retração social pode aprofundar os sentimentos de solidão e desamparo, alimentando assim a depressão.

Dificuldades no Funcionamento Diário: A ansiedade e a depressão combinadas podem prejudicar nossa capacidade de funcionar efetivamente no trabalho, na escola ou em nossas responsabilidades diárias. A falta de concentração, a fadiga e a sensação de sobrecarga emocional tornam-se obstáculos significativos.

Resposta a Tratamento: O tratamento da depressão em pessoas que também sofrem de ansiedade pode ser mais complexo. Muitas vezes, o tratamento precisa abordar tanto a ansiedade quanto a depressão de forma integrada, com terapia e, em alguns casos, medicação.

Importância do Suporte: O suporte social e emocional é crucial para pessoas que enfrentam essa batalha dupla. Ter uma rede de apoio compreensiva e solidária pode fazer uma diferença significativa no processo de recuperação.

É fundamental compreender que a depressão desencadeada pela ansiedade prolongada não é sinal de fraqueza ou falha pessoal. Buscar ajuda de um profissional de saúde mental é vital para obter o diagnóstico correto e um plano de tratamento abrangente. A conscientização e a compreensão dessas complexas interações entre ansiedade e depressão são fundamentais para promover a compaixão e a empatia, bem como para desenvolver estratégias eficazes de prevenção e intervenção precoce.

**Isolamento Social**

O isolamento social, muitas vezes desencadeado pela ansiedade crônica, cria um ciclo de impactos negativos que afetam tanto nossa saúde mental quanto nossa qualidade de vida de maneira significativa.

Gênese do Isolamento: A ansiedade crônica pode nos fazer recuar das interações sociais. Situações sociais podem ser percebidas como ameaçadoras, o que nos leva a evitar eventos sociais, encontros com pessoas ou mesmo atividades cotidianas. Esse comportamento de evitação é uma tentativa de escapar do desconforto que a ansiedade social provoca.

Evitação e Redução de Oportunidades: A evitação prolongada e constante das interações sociais pode reduzir nossas oportunidades de crescimento, aprendizado e conexões significativas. As interações sociais são cruciais para nosso desenvolvimento pessoal e emocional, e o isolamento pode privar-nos dessas oportunidades.

Agravamento da Ansiedade: O isolamento pode agravar nossa ansiedade, criando um ciclo vicioso. A solidão pode aumentar nossos sentimentos de inadequação e reforçar a crença de que não somos capazes de interagir socialmente. Isso, por sua vez, amplifica a ansiedade ao enfrentar novas situações sociais.

Saúde Mental Ameaçada: O isolamento prolongado pode levar a um declínio significativo em nossa saúde mental. A solidão pode desencadear sentimentos de tristeza, depressão e desespero, impactando negativamente nosso bem-estar emocional.

Dificuldade em Formar Relacionamentos: O isolamento social pode prejudicar nossas habilidades de formar e manter relacionamentos saudáveis. A falta de prática nas interações sociais pode nos deixar desconfortáveis em situações sociais, tornando mais difícil estabelecer conexões significativas.

Rompendo o Ciclo: Para romper o ciclo, é fundamental buscar apoio e ajuda profissional. Terapeutas podem oferecer estratégias para superar a ansiedade social e gradualmente reintegrar-se à vida social. Além disso, participar de grupos de apoio pode proporcionar uma sensação de comunidade e compreensão.

Estratégias de Reintegração Social: Começar com pequenas interações sociais e gradualmente expandi-las pode ajudar na reintegração social. Estabelecer metas realistas e celebrar os progressos, mesmo que pequenos, é essencial para ganhar confiança.

Construindo uma Rede de Apoio: Investir em relacionamentos significativos com amigos, familiares ou grupos de interesses comuns pode ser uma maneira de quebrar o ciclo de isolamento. Compartilhar nossas experiências e emoções com outras pessoas pode aliviar a ansiedade.

O isolamento social é um desafio sério e complexo, e reconhecer sua relação com a ansiedade é um passo crucial para encontrar soluções eficazes. Buscar apoio profissional e adotar estratégias graduais de reintegração social pode ajudar a reconstruir nossa confiança e estabelecer conexões sociais significativas.

**Problemas de Concentração e Memória**

A ansiedade crônica, com sua constante atividade mental e preocupações incessantes, pode ter efeitos prejudiciais na nossa capacidade de concentração e memória, impactando diversas áreas da nossa vida.

A Sobrecarga Mental e Seus Efeitos: A ansiedade crônica pode levar a uma sobrecarga mental constante. Preocupações persistentes e pensamentos intrusivos podem tornar difícil manter a atenção em uma tarefa específica. Essa sobrecarga mental compromete nossa capacidade de se concentrar adequadamente.

Ansiedade e Desempenho Cognitivo: A ansiedade crônica pode afetar negativamente o desempenho cognitivo. A capacidade de processar informações, raciocinar, aprender e recordar podem ser prejudicadas quando nossa mente está constantemente tomada por preocupações e ansiedades.

Impacto nas Atividades Diárias: A dificuldade de foco e a falta de memória eficaz podem impactar nossas atividades diárias, desde tarefas simples até compromissos profissionais e acadêmicos. Isso pode levar a uma sensação de inadequação e frustração, aumentando ainda mais a ansiedade.

Efeito na Produtividade no Trabalho e Estudos: No ambiente de trabalho ou estudo, a ansiedade crônica pode prejudicar nossa produtividade. A capacidade de se concentrar em tarefas específicas e reter informações essenciais pode ser comprometida, impactando nossos resultados e desempenho.

Interferência nos Relacionamentos: A falta de foco e a falha na memória podem interferir nos relacionamentos. Esquecer datas importantes, compromissos ou detalhes pode levar a mal-entendidos e conflitos, afetando a qualidade das nossas relações pessoais e profissionais.

Buscando Soluções: Para combater esses problemas, é essencial gerenciar a ansiedade de maneira eficaz. Práticas de redução de estresse, como meditação e exercícios de respiração, podem ajudar a acalmar a mente e melhorar a concentração. Além disso, a terapia cognitivo-comportamental (TCC) pode ser uma abordagem eficaz para tratar a ansiedade e seus efeitos cognitivos.

Hábitos Saudáveis: Manter hábitos saudáveis, como uma dieta equilibrada, exercícios físicos regulares e sono adequado, pode melhorar nossa capacidade cognitiva. Esses hábitos contribuem para a saúde mental e física, auxiliando na redução da ansiedade e na melhoria da concentração e memória.

Gestão do Tempo e Organização: Desenvolver habilidades de gerenciamento de tempo e organização pode ajudar a lidar com a sobrecarga mental. Estabelecer prioridades, fazer listas de tarefas e dividir grandes projetos em partes menores podem facilitar a concentração e a realização eficaz de atividades.

A ansiedade crônica pode ter efeitos prejudiciais na nossa capacidade de concentração e memória, afetando a qualidade da nossa vida diária, desempenho acadêmico e profissional, além das nossas relações pessoais. A abordagem eficaz para a gestão da ansiedade pode ajudar a mitigar esses impactos e melhorar nossa função cognitiva.

## Irritabilidade e Mudanças de Humor

A ansiedade prolongada não afeta apenas nossa mente, mas também nossas emoções e comportamentos, muitas vezes resultando em irritabilidade e mudanças frequentes de humor. Esses aspectos emocionais são reflexos do constante estado de alerta e tensão a que estamos submetidos quando lidamos com a ansiedade crônica.

Reações Amplificadas: A ansiedade pode levar a reações emocionais amplificadas. Situações estressantes que normalmente poderíamos gerenciar podem desencadear respostas desproporcionais, levando a explosões de raiva, frustração e irritação mais intensas do que o esperado.

Tolerância Reduzida à Frustração: Devido à sobrecarga mental, indivíduos ansiosos frequentemente têm uma menor tolerância à frustração. As situações cotidianas que não ocorrem como planejado ou encontram obstáculos podem resultar em irritação e impaciência exacerbadas.

Ciclo Vicioso: A irritabilidade resultante da ansiedade pode, por sua vez, alimentar mais ansiedade. Sentir-se constantemente sobrecarregado e irritado pode levar a mais preocupações e estresse, criando um ciclo vicioso difícil de quebrar.

Impacto nas Relações Interpessoais: Essas mudanças de humor e irritabilidade podem impactar negativamente nossos relacionamentos. Familiares, amigos e colegas podem encontrar dificuldade em lidar com nossas flutuações emocionais, o que pode prejudicar a qualidade dos nossos relacionamentos.

Autocrítica e Culpa: Após episódios de irritabilidade, pessoas com ansiedade crônica muitas vezes experimentam autocrítica intensificada e sentimentos de culpa. Eles podem se culpar por não conseguir controlar suas emoções ou por causar desconforto nos outros.

A Importância da Autorreflexão: É crucial que os indivíduos ansiosos pratiquem a autorreflexão para entender suas reações emocionais e comportamentais. Identificar padrões de irritabilidade e os desencadeadores pode ajudar a desenvolver estratégias eficazes de manejo da ansiedade.

Técnicas de Relaxamento e Resposta Calma: A incorporação de técnicas de relaxamento, como meditação, respiração profunda e exercícios de relaxamento muscular, pode ajudar a acalmar a mente e reduzir a irritabilidade. Aprender a responder de forma mais calma e controlada às situações estressantes é essencial.

Comunicação Aberta: Comunicar-se abertamente com as pessoas próximas sobre a ansiedade e seus efeitos pode ajudar a construir compreensão e apoio. Explicar que a irritabilidade é um sintoma da ansiedade, e não um reflexo de desagrado em relação a eles, é fundamental.

Lidar com a irritabilidade e as mudanças frequentes de humor causadas pela ansiedade é um desafio, mas é possível com estratégias de manejo eficazes. A conscientização sobre essas reações emocionais e a busca de ajuda profissional quando necessário são passos importantes para melhorar a qualidade de vida e os relacionamentos.

**Abuso de Substâncias**

O abuso de substâncias é um grave problema que muitas vezes está interligado com a ansiedade crônica. Indivíduos que enfrentam ansiedade prolongada podem recorrer ao uso de álcool, drogas ilícitas, medicamentos prescritos de forma inadequada ou outras substâncias como uma maneira de lidar com seus sintomas. Infelizmente, essa forma de automedicação leva a um ciclo vicioso prejudicial que piora tanto a ansiedade quanto o abuso de substâncias.

Automedicação e Alívio Temporário: A automedicação é um mecanismo de enfrentamento onde a pessoa busca alívio imediato para seus sintomas de ansiedade através do uso de substâncias psicoativas. O álcool e as drogas podem proporcionar um alívio temporário da ansiedade, o que leva à sua repetição como estratégia de enfrentamento.

Agravação da Ansiedade: Embora as substâncias possam inicialmente aliviar a ansiedade, seu uso prolongado pode levar a um agravamento dos sintomas de ansiedade. A tolerância pode se desenvolver, levando a doses maiores para obter o mesmo efeito, resultando em um ciclo de dependência e ansiedade crescente.

Consequências Físicas e Mentais: O abuso de substâncias pode causar danos físicos e mentais significativos, além de agravar os sintomas de ansiedade. Isso inclui problemas de saúde, comprometimento cognitivo, alterações de humor e outros efeitos adversos.

Culpa e Vergonha: O ciclo de abuso de substâncias e ansiedade pode levar a sentimentos intensos de culpa, vergonha e autoestima prejudicada. A pessoa pode se sentir impotente para quebrar esse ciclo e enfrentar as consequências negativas de seus comportamentos.

Intervenção e Tratamento: A interrupção do ciclo de abuso de substâncias e ansiedade requer intervenção profissional. Programas de tratamento que abordam tanto a dependência química quanto a ansiedade são essenciais. Isso pode incluir terapia cognitivo-comportamental, aconselhamento, grupos de apoio e, em alguns casos, medicação.

Apoio Social e Rede de Suporte: Ter uma rede de apoio forte e encorajadora é crucial para quebrar o ciclo de abuso de substâncias e ansiedade. Amigos, familiares ou grupos de apoio podem fornecer suporte emocional e prático durante o processo de recuperação.

Desenvolvimento de Estratégias Alternativas: É fundamental aprender estratégias alternativas de enfrentamento da ansiedade que não envolvam o uso de substâncias. Isso pode incluir técnicas de relaxamento, exercícios físicos, meditação, mindfulness e terapias.

Conscientização sobre os Riscos: É importante aumentar a conscientização sobre os riscos associados ao abuso de substâncias na gestão da ansiedade. Educar as pessoas sobre os efeitos prejudiciais dessa prática pode ajudar a prevenir o ciclo de automedicação.

Quebrar o ciclo de abuso de substâncias e ansiedade é um passo vital para a recuperação e o bem-estar. Buscar ajuda profissional e contar com o apoio de entes queridos são passos essenciais para superar esse desafio e alcançar uma vida equilibrada e saudável.

**Pensamentos Suicidas e Autolesão**

A ansiedade crônica, quando negligenciada e não tratada, pode desencadear um terrível desfecho em que os indivíduos afetados podem enfrentar pensamentos suicidas ou se envolver em autolesão. Esse estado é um resultado devastador da persistência de uma ansiedade avassaladora, que leva a um sentimento extremo de desespero e impotência.

Pensamentos Suicidas: A ansiedade crônica pode levar a pensamentos suicidas, nos quais a pessoa afetada sente que a única saída de seu sofrimento é tirar a própria vida. Esse estágio é crítico e exige intervenção imediata e suporte profissional.

Desesperança Profunda: A sensação de desespero associada à ansiedade crônica não tratada é intensa e esmagadora. Os indivíduos podem sentir que estão presos em um ciclo interminável de ansiedade e que não há esperança de melhoria.

Isolamento e Solidão: Aqueles que lutam com pensamentos suicidas muitas vezes se sentem isolados e sozinhos em sua dor. A ansiedade crônica pode levar ao isolamento social, agravando ainda mais a sensação de solidão e desamparo.

Autolesão como Forma de Alívio: Em um esforço para aliviar a dor emocional, alguns indivíduos podem recorrer à autolesão. Cortar-se ou infligir dor física pode temporariamente distrair da dor emocional extrema, mas é uma estratégia extremamente prejudicial.

Busca Desesperada por Alívio: Pensamentos suicidas e autolesão muitas vezes surgem da busca desesperada por alívio do sofrimento emocional intenso. As pessoas podem sentir que estão tão sobrecarregadas que a morte ou a autolesão são suas únicas opções de escape.

Importância da Intervenção Imediata: A detecção precoce desses sinais é crucial para a intervenção eficaz. Amigos, familiares e profissionais de saúde precisam estar atentos a qualquer indicação de pensamentos suicidas e agir prontamente, encaminhando a pessoa para ajuda especializada.

Tratamento Especializado e Apoio Contínuo: O tratamento para pensamentos suicidas e autolesão geralmente envolve uma abordagem multidisciplinar, incluindo psicoterapia, medicação e apoio contínuo. A terapia cognitivo-comportamental (TCC) também é frequentemente usada para abordar esses pensamentos e comportamentos.

Prevenção e Conscientização: A conscientização sobre a relação entre ansiedade crônica e pensamentos suicidas é crucial. A educação sobre estratégias de enfrentamento saudáveis, a importância do apoio emocional e a remoção do estigma associado à saúde mental são essenciais para a prevenção.

Apoio e Compreensão: É vital que aqueles que enfrentam esses desafios recebam apoio amoroso e compreensão de seus entes queridos. Um ambiente de apoio emocional pode fazer uma diferença significativa no processo de recuperação.

Compreender os efeitos a longo prazo da ansiedade é vital para a implementação de estratégias de prevenção e intervenção precoce. O tratamento e o suporte adequados são essenciais para mitigar esses impactos e promover a saúde mental a longo prazo. Uma abordagem multidisciplinar, envolvendo profissionais de saúde mental, é frequentemente necessária para fornecer uma resposta abrangente e eficaz a esses desafios.

## ESTRATÉGIAS PARA MITIGAR OS IMPACTOS DA ANSIEDADE NA SAÚDE MENTAL

Enfrentar a ansiedade de forma eficaz é crucial para proteger nossa saúde mental a longo prazo e melhorar nossa qualidade de vida. Existem várias estratégias que podem ajudar a mitigar os impactos prejudiciais da ansiedade:

## Terapia Cognitivo-Comportamental (TCC)

A Terapia Cognitivo-Comportamental (TCC) é uma abordagem terapêutica amplamente reconhecida e eficaz no tratamento da ansiedade e de diversos outros transtornos mentais. Ela se baseia na ideia de que nossos pensamentos, emoções e comportamentos estão interconectados e influenciam uns aos outros. Na TCC, o terapeuta e o paciente trabalham juntos para identificar e modificar padrões de pensamento disfuncionais que contribuem para a ansiedade. Aqui estão mais informações sobre como a TCC funciona no tratamento da ansiedade:

Identificação de Pensamentos Disfuncionais: Um dos princípios centrais da TCC é ajudar o paciente a identificar pensamentos automáticos e crenças distorcidas que alimentam a ansiedade. Muitas vezes, esses pensamentos são negativos, irracionais e catastróficos, levando a um ciclo de preocupação e medo.

Reavaliação e Desafio de Pensamentos: Com a orientação do terapeuta, o paciente aprende a questionar a validade desses pensamentos disfuncionais. Eles exploram evidências a favor e contra esses pensamentos e desenvolvem uma perspectiva mais equilibrada e realista.

Desenvolvimento de Habilidades de Enfrentamento: Além de desafiar pensamentos disfuncionais, a TCC ajuda os pacientes a desenvolverem habilidades de enfrentamento saudáveis. Isso pode incluir estratégias de relaxamento, técnicas de resolução de problemas e práticas de exposição gradual a situações temidas (um componente importante no tratamento de fobias).

Identificação de Padrões de Comportamento: A TCC também se concentra em identificar padrões de comportamento que podem contribuir para a ansiedade. Por exemplo, a evitação de situações temidas pode manter a ansiedade. O terapeuta trabalha com o paciente para mudar esses comportamentos mal adaptativos.

Estabelecimento de Metas e Monitoramento do Progresso: Durante o tratamento, terapeuta e paciente estabelecem metas claras e mensuráveis para a redução da ansiedade. O progresso é monitorado ao longo do tempo, permitindo ajustes conforme necessário.

Tarefas Entre Sessões: Os pacientes frequentemente recebem tarefas para fazer entre as sessões, como manter um diário de pensamentos ou praticar técnicas de relaxamento. Isso ajuda a integrar o aprendizado e as habilidades na vida cotidiana.

Duração e Efetividade: A TCC é uma terapia de curto prazo, geralmente consistindo em um número definido de sessões (por exemplo, 12 a 16 sessões). É conhecida por ser altamente eficaz no tratamento de transtornos de ansiedade, fornecendo ferramentas práticas e estratégias para lidar com a ansiedade de forma saudável.

Adaptação a Diferentes Transtornos de Ansiedade: A TCC pode ser adaptada para tratar uma variedade de transtornos de ansiedade, incluindo Transtorno de Ansiedade Generalizada (TAG), Transtorno do Pânico,

Transtorno de Estresse Pós-Traumático (TEPT), fobias específicas e Transtorno Obsessivo-Compulsivo (TOC).

A TCC é frequentemente combinada com outras abordagens terapêuticas ou com o uso de medicamentos, dependendo das necessidades individuais do paciente. Ela oferece uma estrutura sólida para identificar, entender e superar a ansiedade, capacitando as pessoas a retomarem o controle de suas vidas e a melhorarem sua saúde mental.

**Meditação e *Mindfulness***

A meditação e o *mindfulness* são práticas antigas que se tornaram cada vez mais populares nos tempos modernos devido aos seus benefícios para a saúde mental, incluindo a redução da ansiedade. Essas práticas se concentram na consciência plena do momento presente e na atenção plena aos pensamentos, sensações e emoções sem julgamento. Aqui estão informações detalhadas sobre como a meditação e o *mindfulness* podem ajudar a reduzir a ansiedade:

Consciência Plena do Momento Presente: A meditação e o mindfulness se baseiam na premissa de estar totalmente presente no momento atual, sem se preocupar com o passado ou o futuro. Essa consciência plena ajuda a reduzir a ansiedade, pois a ansiedade muitas vezes está ligada a preocupações sobre o futuro.

Acalmar a Mente: A prática regular de meditação e mindfulness pode acalmar a mente, reduzindo o fluxo constante de pensamentos ansiosos. Ao focar na respiração ou em outros elementos do momento presente, a mente se torna mais tranquila.

Diminuição da Reatividade ao Estresse: Ao cultivar a habilidade de observar pensamentos e emoções sem reagir impulsivamente, as práticas de mindfulness ajudam a diminuir a reatividade ao estresse. Isso pode resultar em respostas mais ponderadas e menos reações emocionais exageradas.

Treinamento da Atenção: A meditação e o mindfulness são exercícios de treinamento de atenção. Eles ajudam a desenvolver a habilidade de focar a atenção no presente, o que pode ser útil para evitar que a mente vagueie para preocupações e ansiedades.

Redução da Ruminação: A ruminação, ou a repetição contínua de pensamentos negativos, é comum na ansiedade. A consciência plena pode ajudar a interromper esse padrão ao direcionar a atenção para o presente, afastando-a de pensamentos negativos e ruminação.

Aprendizado da Aceitação e Tolerância: As práticas de mindfulness ensinam a aceitar os pensamentos e emoções sem julgamento, reconhecendo que são apenas eventos mentais passageiros. Isso promove uma atitude mais compassiva em relação a si mesmo, o que pode reduzir a ansiedade relacionada à autocrítica.

Diferentes Técnicas de Meditação: Existem várias técnicas de meditação, como meditação da respiração, meditação guiada, meditação transcendental e meditação caminhando. Cada uma delas pode atender a diferentes preferências e necessidades, permitindo a adaptação da prática de acordo com o indivíduo.

Prática Regular e Consistente: A chave para colher os benefícios da meditação e do mindfulness é a prática regular e consistente. Reservar um tempo diário para essas práticas pode ajudar a integrá-las ao estilo de vida e experimentar seus efeitos positivos ao longo do tempo.

Incorporar a meditação e o *mindfulness* na rotina diária pode oferecer ferramentas poderosas para lidar com a ansiedade e promover o bem-estar mental. Ao aprender a estar mais presente no momento, podemos reduzir a ansiedade associada à preocupação com o futuro e, assim, viver uma vida mais equilibrada e consciente.

**Exercícios Físicos**

A prática regular de exercícios físicos é uma estratégia eficaz e acessível para reduzir a ansiedade e promover o bem-estar emocional. Os benefícios vão além da saúde física, alcançando a saúde mental e emocional. Vamos explorar detalhadamente como os exercícios físicos podem contribuir para a redução da ansiedade:

Liberação de Endorfinas: Os exercícios físicos desencadeiam a liberação de endorfinas no cérebro. As endorfinas são neurotransmissores que atuam como analgésicos naturais e melhoram o humor, proporcionando uma sensação de bem-estar e euforia.

Redução do Estresse e Tensão Física: A prática regular de exercícios ajuda a liberar a tensão física acumulada, um sintoma comum associado à ansiedade. Ao mover o corpo, os músculos se relaxam e a sensação de estresse físico diminui.

Melhoria do Fluxo Sanguíneo e Oxigenação: Os exercícios aumentam o fluxo sanguíneo e a oxigenação em todo o corpo, incluindo o cérebro. Isso pode levar a uma melhoria na clareza mental e na sensação de frescor, aliviando a sensação de opressão associada à ansiedade.

Redução dos Níveis de Hormônios do Estresse: A prática regular de exercícios pode ajudar a reduzir os níveis de hormônios do estresse, como o cortisol. Esses hormônios estão frequentemente elevados em pessoas que sofrem de ansiedade crônica.

Melhoria do Sono: Os exercícios físicos regulares podem melhorar a qualidade do sono, o que é fundamental para controlar a ansiedade. Um sono adequado pode regular os padrões de humor e diminuir a sensação de ansiedade durante o dia.

Aumento da Autoestima e Confiança: O engajamento em atividades físicas pode melhorar a autoimagem e aumentar a confiança em si mesmo. Sentir-se bem com o próprio corpo e atingir metas de condicionamento físico pode ter um impacto positivo na percepção de si mesmo.

Oportunidade de Socialização: Participar de atividades físicas em grupo, como esportes ou aulas de academia, oferece a oportunidade de socialização. A interação social pode aliviar a ansiedade ao proporcionar uma sensação de pertencimento e apoio social.

Variedade de Exercícios: A variedade de exercícios é importante para manter o interesse e a motivação. Isso pode incluir atividades aeróbicas, exercícios de resistência, ioga, dança, entre outros. A escolha dos exercícios deve levar em consideração as preferências pessoais e as restrições físicas.

Adaptação à Rotina Pessoal: É fundamental escolher um tipo de exercício que se adapte à rotina e ao estilo de vida de cada indivíduo. Isso facilita a incorporação dos exercícios de forma consistente no dia a dia.

Incorporar exercícios físicos à rotina diária pode ser uma maneira altamente eficaz de gerenciar e reduzir a ansiedade, além de proporcionar uma série de benefícios para a saúde física e mental. É importante encontrar atividades físicas que sejam agradáveis e que possam ser sustentadas a longo prazo para obter os benefícios máximos.

**Respiração Controlada**

A prática de técnicas de respiração controlada, como a respiração diafragmática, é uma estratégia eficaz e acessível para acalmar o sistema nervoso e reduzir a ansiedade. Essa abordagem se concentra na consciência e no controle da respiração para promover uma sensação de calma e equilíbrio emocional. Vamos explorar em detalhes como a respiração controlada pode ser uma ferramenta valiosa para gerenciar a ansiedade:

Consciência Respiratória: O primeiro passo é desenvolver a consciência da própria respiração. Muitas vezes, durante momentos de ansiedade, a respiração se torna superficial e rápida. A consciência permite reconhecer esse padrão e intervir para trazer calma.

Respiração Diafragmática: Também conhecida como respiração abdominal, é uma técnica que envolve respirar profundamente, expandindo o diafragma. Durante a inspiração, o abdômen se expande, e durante a expiração, ele se contrai. Isso ajuda a oxigenar o corpo de maneira mais eficaz e a acalmar a mente.

Ritmo Respiratório: Estabelecer um ritmo na respiração é fundamental. Uma técnica comum é a respiração 4-7-8, onde você inspira pelo nariz contando até quatro, mantém o ar nos pulmões por sete segundos e depois expira pela boca contando até oito. Esse padrão promove a tranquilidade.

Foco na Respiração: Durante a prática da respiração controlada, é importante manter o foco na respiração e nos movimentos do abdômen. Isso ajuda a afastar os pensamentos ansiosos, proporcionando um momento de tranquilidade e concentração.

Redução do Estresse e da Ansiedade: A respiração controlada atua diretamente no sistema nervoso, estimulando a resposta de relaxamento. Isso reduz os níveis de estresse e ansiedade, promovendo uma sensação de calma e clareza mental.

Prática Regular: Para obter os benefícios, é fundamental praticar regularmente. Inicialmente, pode ser útil praticar por alguns minutos todos os dias e, com o tempo, aumentar a duração e a frequência da prática.

Integração com Outras Técnicas: A respiração controlada pode ser integrada com outras técnicas de relaxamento, como a meditação. Isso potencializa os efeitos calmantes e promove uma experiência mais profunda de relaxamento.

Aplicação em Momentos de Crise: A capacidade de usar técnicas de respiração controlada em momentos de ansiedade aguda ou crise é uma ferramenta valiosa. Ela pode ser aplicada em situações estressantes para acalmar a mente e evitar uma escalada da ansiedade.

A respiração controlada é uma ferramenta simples, porém poderosa, que pode ser praticada a qualquer momento e em qualquer lugar. É uma habilidade valiosa para gerenciar a ansiedade, promover o bem-estar e cultivar a paz interior.

**Terapia de Aceitação e Compromisso (ACT)**

A Terapia de Aceitação e Compromisso (ACT) é uma abordagem terapêutica eficaz para lidar com a ansiedade, ajudando as pessoas a aceitar suas ansiedades e dificuldades, e a se comprometer com ações construtivas e significativas em suas vidas. Vamos explorar mais sobre a ACT e como ela pode ser uma ferramenta valiosa no manejo da ansiedade:

Aceitação das Experiências Internas: A ACT enfatiza a importância de aceitar plenamente nossas experiências internas, incluindo emoções, pensamentos e sensações físicas. Isso significa não lutar ou tentar suprimir essas experiências, mas sim reconhecê-las e permitir que elas estejam presentes.

*Mindfulness* e Atenção Plena: A prática da atenção plena é central na ACT. Ela envolve estar consciente do momento presente sem julgamento, o que ajuda a aumentar a consciência de nossas experiências internas e a responder a elas de maneira mais adaptativa.

Definição de Valores e Metas Pessoais: A ACT incentiva a identificação e a definição dos valores e metas pessoais de cada indivíduo. Compreender o que é verdadeiramente importante na vida ajuda a guiar as ações e a tomar decisões alinhadas com esses valores.

Compromisso com a Ação: Além da aceitação, a ACT incentiva o compromisso com a ação. Isso significa dar passos concretos na direção dos nossos valores, mesmo em face de ansiedade ou desconforto. A ação alinhada com os valores é vista como um componente chave para uma vida significativa.

Difusão Cognitiva: Essa técnica envolve a distância entre nós e nossos pensamentos e emoções. Ao "descolar" de nossos pensamentos e observá-los como eventos mentais, somos menos propensos a ser dominados ou definidos por eles, reduzindo a influência da ansiedade.

Autoconsciência e Flexibilidade Psicológica: A ACT visa aumentar a autoconsciência e a flexibilidade psicológica. Isso envolve a capacidade de se adaptar e responder de maneira eficaz a diferentes situações, levando em consideração nossos valores e metas.

Aceitação de Dificuldades e Sofrimento: Em vez de tentar evitar o sofrimento, a ACT nos convida a aceitar a presença inevitável do sofrimento humano. Isso não significa resignação, mas sim uma aceitação corajosa, permitindo que continuemos a viver nossas vidas de forma significativa.

Trabalho com Metáforas e Experiências: A ACT muitas vezes utiliza metáforas e experiências para ilustrar conceitos-chave e facilitar a compreensão e a aplicação das estratégias. Essas histórias ajudam a traduzir conceitos abstratos em algo concreto e memorável.

A ACT é uma abordagem poderosa para lidar com a ansiedade, pois oferece uma estrutura para aceitar experiências internas desafiadoras enquanto se compromete com ações significativas. Ela ajuda a cultivar uma vida baseada em valores, resiliência e crescimento pessoal.

**Estabelecer Rotinas Saudáveis**

Estabelecer rotinas saudáveis é um pilar crucial para o equilíbrio emocional e o bem-estar. Uma rotina bem estruturada não apenas melhora a eficiência em nossas atividades diárias, mas também pode ter um impacto positivo na nossa saúde mental e emocional. Vamos explorar mais sobre como estabelecer rotinas saudáveis pode reduzir a ansiedade e promover um estilo de vida equilibrado:

Programação Regular de Sono: Estabelecer uma programação de sono consistente é fundamental para um descanso adequado e para manter o equilíbrio emocional. Dormir o suficiente e em horários regulares ajuda a regular o humor, melhorar a concentração e reduzir a ansiedade.

Alimentação Balanceada: Manter uma dieta equilibrada com uma variedade de alimentos nutritivos é essencial para a saúde mental. Alimentos ricos em nutrientes podem afetar positivamente o nosso humor e energia, proporcionando uma base sólida para lidar com o estresse e a ansiedade.

Tempo para Atividades Relaxantes: Integrar tempo para atividades relaxantes na rotina diária é crucial. Isso pode incluir práticas de relaxamento, leitura, meditação, exercícios de respiração ou qualquer hobby que traga tranquilidade. Esses momentos ajudam a reduzir o estresse e a ansiedade.

Agenda Estruturada: Criar uma agenda bem definida para o dia, semana ou mês pode trazer ordem e clareza. Saber o que esperar e ter um plano ajuda a reduzir a incerteza, um dos gatilhos da ansiedade.

Tempo para Atividade Física: Incorporar atividade física regular na rotina é um pilar importante. O exercício libera endorfinas, substâncias químicas que melhoram o humor, e ajuda a aliviar o estresse e a ansiedade, promovendo uma melhor saúde mental.

Pausas Adequadas no Trabalho: Estabelecer pausas regulares durante o trabalho é crucial para o desempenho e bem-estar. Tirar pequenas pausas ajuda a recarregar energia e a manter o foco, evitando o acúmulo de estresse ao longo do dia.

Gestão do Tempo: Aprender a gerenciar o tempo de forma eficaz é essencial. Isso inclui definir prioridades, evitar a procrastinação e reservar tempo para tarefas essenciais, o que pode reduzir a sensação de estar sobrecarregado.

Flexibilidade na Rotina: Embora a estrutura seja importante, também é vital incluir flexibilidade na rotina. Permite-se ajustes conforme necessário para lidar com imprevistos ou simplesmente para atender às necessidades momentâneas.

Higiene Mental: Além de cuidar do corpo, é vital dedicar tempo para cuidar da saúde mental. Isso pode incluir práticas como a terapia, atividades de relaxamento, reflexão ou qualquer coisa que nutra a saúde mental.

Estabelecer rotinas saudáveis não é apenas sobre seguir um cronograma rigoroso, mas sobre criar um ambiente propício para o equilíbrio e o bem-estar. É um processo que requer adaptabilidade e autoconsciência para encontrar o que funciona melhor para cada indivíduo, levando em consideração suas necessidades e estilo de vida. Uma rotina saudável pode se tornar a âncora que sustenta uma vida equilibrada e menos ansiosa.

## Técnicas de Relaxamento

As técnicas de relaxamento são ferramentas poderosas para lidar com o estresse e a ansiedade. Elas nos permitem desacelerar, acalmar a mente e o corpo, e restaurar um estado de tranquilidade. Vamos explorar algumas técnicas de relaxamento que podem ser eficazes na redução da tensão e promoção da calma:

Progressão Muscular: A progressão muscular, também conhecida como relaxamento muscular progressivo, é uma técnica em que os músculos são deliberadamente tensos e depois relaxados. Isso ajuda a liberar a tensão acumulada no corpo, promovendo uma sensação de relaxamento.

Respiração Profunda e Controlada: Praticar a respiração consciente, lenta e profunda pode acalmar o sistema nervoso. Inspirar lentamente pelo nariz, segurar o ar por alguns segundos e expirar lentamente pela boca ajuda a reduzir a ansiedade e a promover o relaxamento.

Meditação Guiada: A meditação guiada envolve ouvir um instrutor que conduz uma sessão de meditação. Geralmente, isso inclui instruções sobre foco na respiração, relaxamento muscular e visualização, ajudando a acalmar a mente e reduzir a ansiedade.

Visualização Criativa: Nessa técnica, imagens mentais relaxantes são criadas para ajudar a acalmar a mente e o corpo. Visualizar cenários tranquilos, como uma praia ensolarada ou uma floresta tranquila, pode trazer uma sensação de paz e relaxamento.

Mindfulness e Atenção Plena: Estar plenamente presente no momento atual, sem julgamento, é a essência do mindfulness. A prática da atenção plena ajuda a reduzir a ansiedade, concentrando-se conscientemente nas sensações, pensamentos e emoções do momento.

Técnicas de Biofeedback: Essas técnicas envolvem a utilização de dispositivos que monitoram as funções corporais, como a frequência cardíaca e a tensão muscular. O feedback em tempo real permite que a pessoa aprenda a controlar essas funções, reduzindo a resposta ao estresse.

Yoga e Alongamento: O yoga combina exercícios físicos com técnicas de respiração e meditação, promovendo o relaxamento físico e mental. Praticar yoga regularmente pode ajudar a aliviar a tensão e a ansiedade.

Aromaterapia e Relaxamento Sensorial: Usar óleos essenciais e técnicas sensoriais, como massagens ou banhos aromáticos, pode ter um efeito calmante no corpo e na mente, promovendo o relaxamento e a redução do estresse.

Técnicas de Quiropraxia e Massagem: A quiropraxia e massagem terapêutica podem ajudar a liberar a tensão muscular e melhorar o fluxo sanguíneo, contribuindo para uma sensação geral de relaxamento e bem-estar.

Prática de Tai Chi ou Qi Gong: Essas práticas combinam movimentos corporais suaves, respiração e foco mental. São eficazes para reduzir o estresse e melhorar o equilíbrio emocional.

Música Relaxante e Sons da Natureza: Ouvir música suave, sons da natureza ou música especialmente projetada para relaxamento pode ter um efeito calmante na mente, ajudando a aliviar a ansiedade.

A chave para o sucesso com técnicas de relaxamento é a prática regular. Integrá-las à rotina diária pode fazer uma diferença significativa na redução do estresse e na promoção de uma sensação geral de calma e bem-estar. É importante experimentar diferentes técnicas e descobrir aquelas que melhor se adequam às necessidades e preferências individuais.

**Expressão Criativa**

A expressão criativa é uma ferramenta poderosa para lidar com a ansiedade e o estresse. Ela oferece uma saída para nossas emoções, pensamentos e experiências internas, permitindo que sejam externalizados e processados de maneira construtiva. Vamos explorar como a arte, música e escrita podem ser terapêuticas e benéficas para a saúde mental:

Arte e Desenho: A arte, seja pintura, desenho, escultura ou outras formas, oferece uma maneira de expressar emoções que podem ser difíceis de colocar em palavras. As cores, formas e texturas podem transmitir sentimentos e ajudar a aliviar a ansiedade ao oferecer um canal criativo para expressar o que está dentro de nós.

Música e Melodia: A música tem o poder de evocar emoções e criar uma conexão profunda com nossa própria psique. Tocar um instrumento, cantar ou apenas ouvir músicas que ressoam conosco pode aliviar o estresse e criar um estado mental mais tranquilo.

Escrita Criativa: A escrita é uma maneira eficaz de processar pensamentos e emoções. Manter um diário, escrever poesia, histórias ou simplesmente colocar no papel o que estamos sentindo pode ajudar a organizar nossos pensamentos e encontrar clareza emocional.

Dança e Movimento: A dança é uma forma de expressão corporal que pode liberar tensão e ansiedade. Movimentar-se ao ritmo da música permite que a energia flua, promovendo uma sensação de bem-estar.

Teatro e Representação: Participar de atividades teatrais ou de representação oferece uma oportunidade de explorar diferentes papéis e emoções, o que pode ajudar a compreender melhor a si mesmo e aliviar o estresse.

Artesanato e DIY (Faça Você Mesmo): Engajar-se em projetos de artesanato, costura, marcenaria ou outras atividades DIY pode ser uma maneira tangível de canalizar a ansiedade e criar algo belo ao mesmo tempo.

Arte Digital: A arte digital oferece uma plataforma moderna para expressar criatividade. Pintura digital, design gráfico e outras formas de arte digital permitem uma variedade de meios para a expressão artística.

Expressão Corporal: A expressão corporal, incluindo yoga, tai chi e outras práticas físicas, pode ajudar a liberar emoções e criar um senso de calma interior.

Arte Terapia: A arte terapia é uma forma estruturada de utilizar a criatividade para explorar emoções e problemas psicológicos. É frequentemente conduzida por um terapeuta treinado que guia o processo.

Colaboração e Grupos Criativos: Participar de grupos criativos ou projetos colaborativos pode ampliar a experiência criativa, proporcionando a oportunidade de compartilhar e aprender com outros.

A expressão criativa é uma forma saudável e eficaz de lidar com a ansiedade, pois permite que você processe suas emoções de maneira construtiva e enriquecedora. Cada pessoa é única, então é importante explorar diferentes formas de expressão criativa para encontrar o que ressoa melhor consigo mesmo.

**Estabelecer Limites e Dizer Não**

Estabelecer limites e aprender a dizer não é um aspecto vital do autocuidado e do gerenciamento eficaz do estresse. Muitas vezes, sentimos uma pressão social ou pessoal para atender às demandas dos outros, o que pode levar a um excesso de compromissos e à exaustão. Vamos explorar mais profundamente essa questão e entender como estabelecer limites saudáveis pode ser transformador:

Proteger seu Bem-Estar: Estabelecer limites é uma maneira de proteger sua saúde física e mental. Dizer não quando necessário significa reconhecer seus próprios limites e não comprometer sua saúde e bem-estar.

Respeitar suas Necessidades e Prioridades: Cada pessoa tem suas próprias necessidades, prioridades e objetivos. Estabelecer limites permite que você respeite suas prioridades e dedique tempo e energia ao que realmente importa para você.

Construir Relacionamentos Saudáveis: Estabelecer limites claros e comunicá-los de maneira respeitosa ajuda a construir relacionamentos mais saudáveis. As pessoas ao seu redor entenderão suas expectativas e limites.

Aprender a Dizer Não de Forma Respeitosa: Dizer "não" não significa ser rude, mas sim ser claro sobre suas limitações e compromissos existentes. Pode ser uma habilidade desafiadora, mas é fundamental para manter um equilíbrio saudável.

Evitar Sobrecarga e Exaustão: Quando você está sempre dizendo sim a tudo e a todos, pode acabar sobrecarregado. Isso pode levar a exaustão física e mental, prejudicando sua produtividade e bem-estar.

Estabelecer Limites no Trabalho: No ambiente de trabalho, é crucial estabelecer limites de tempo, tarefas e disponibilidade. Isso ajuda a manter uma vida profissional equilibrada e evita o esgotamento.

Praticar a Comunicação Clara e Direta: A comunicação é fundamental ao estabelecer limites. É importante expressar suas necessidades e expectativas de forma clara e direta, sem ambiguidades.

Avaliar sua Capacidade Atual: Antes de assumir novos compromissos, avalie sua capacidade atual de lidar com eles. Se estiver sobrecarregado, é perfeitamente aceitável dizer não ou adiar.

Aprender a Dizer Sim para Você Mesmo: Dizer não aos outros muitas vezes significa dizer sim para você mesmo. É um ato de autocuidado e auto empoderamento reconhecer suas necessidades e colocá-las em primeiro lugar.

Praticar o Autodomínio: Estabelecer limites requer autodomínio e a capacidade de dizer não quando for necessário, mesmo quando há pressão externa.

Lembrar que é saudável e necessário estabelecer limites é fundamental para manter uma vida equilibrada e saudável. É um ato de amor próprio e respeito próprio aprender a dizer não quando necessário e proteger sua energia e bem-estar.

**Buscar Apoio Social**

Buscar apoio social é uma estratégia essencial para lidar com a ansiedade e promover o bem-estar emocional. O apoio social pode vir de diferentes fontes, incluindo amigos, familiares, colegas e profissionais de saúde mental. Vamos explorar em detalhes como essa conexão com outras pessoas pode ser benéfica para aliviar a ansiedade:

Redução do Isolamento: Compartilhar suas preocupações e sentimentos com outras pessoas ajuda a romper o ciclo do isolamento emocional. Isolar-se pode aumentar a ansiedade, e ter um sistema de apoio reduz esse isolamento.

Apoio Emocional: Conversar com alguém que compreenda suas emoções e preocupações pode proporcionar um alívio imenso. O apoio emocional ajuda a validar seus sentimentos, diminuindo a sensação de estar sozinho(a) nessa luta.

Perspectiva Externa: Amigos e familiares podem oferecer perspectivas e conselhos valiosos sobre a situação que está causando ansiedade. Às vezes, uma visão externa pode iluminar soluções ou opções que você não tinha considerado.

Compreensão e Empatia: O ato de compartilhar pode levar a uma maior compreensão dos desafios que você está enfrentando. Sentir-se compreendido e validado é essencial para o alívio da ansiedade.

Alívio do Estresse: Falar sobre suas preocupações pode ser uma forma de aliviar o estresse acumulado. Expressar emoções pode reduzir a pressão interna que a ansiedade pode criar.

Estabelecimento de Conexões Saudáveis: Buscar apoio social fortalece os laços com as pessoas ao seu redor. Cultivar relacionamentos saudáveis é fundamental para a saúde mental e emocional a longo prazo.

Buscar Ajuda Profissional: Além do apoio de amigos e familiares, buscar a ajuda de um profissional de saúde mental, como um psicólogo ou terapeuta, pode fornecer orientação especializada para lidar com a ansiedade de maneira mais eficaz.

Participar de Grupos de Apoio: Grupos de apoio são ótimas opções para encontrar pessoas que estão passando por experiências semelhantes. Compartilhar histórias e estratégias pode ser muito reconfortante.

Praticar a Arte de Ouvir: Além de compartilhar suas preocupações, é importante ouvir ativamente os outros. Oferecer apoio mútuo pode fortalecer os relacionamentos e criar uma rede de apoio eficaz.

Intervenção Rápida em Momentos Críticos: Em situações de crise, o apoio social pode ser crucial para intervir rapidamente e oferecer ajuda adequada, podendo até mesmo salvar vidas.

A busca por apoio social é um passo valioso na jornada para lidar com a ansiedade. Fortalecer os laços sociais, compartilhar preocupações e buscar conselhos de pessoas confiáveis contribuem para a resiliência emocional e a redução do impacto da ansiedade.

**Prática de Autocompaixão**

A prática de autocompaixão é uma abordagem fundamental para lidar com a ansiedade e melhorar a saúde mental. Vamos explorar em detalhes como essa prática pode ser transformadora e benéfica para a sua relação consigo mesmo:

Definindo Autocompaixão: A autocompaixão é o ato de tratar a si mesmo com a mesma compaixão, gentileza e compreensão que você ofereceria a um amigo querido em tempos de dificuldade. Envolve reconhecer a sua própria humanidade, imperfeições e dificuldades sem se julgar de maneira severa.

Aceitação e Humanidade Compartilhada: A autocompaixão começa com a aceitação de si mesmo, reconhecendo que você é humano e, como tal, está sujeito a falhas, erros e desafios. É compreender que todos, sem exceção, enfrentam dificuldades, e isso faz parte da experiência humana.

Autoempatia e Autocompreensão: Cultivar a autocompaixão envolve desenvolver uma voz interior que fale com você de maneira amável e encorajadora, em vez de se criticar duramente. É sobre se tratar como faria com alguém que ama e se importa profundamente.

Resiliência Emocional: A prática regular de autocompaixão fortalece sua resiliência emocional. Em vez de deixar a autocrítica drenar suas energias, você aprende a se levantar após desafios, aprendendo e crescendo com eles.

Diminuindo a Ansiedade: Ao adotar uma atitude compassiva consigo mesmo, você reduz a ansiedade associada ao medo de não ser bom o suficiente ou cometer erros. A autocompaixão acalma a mente e diminui a pressão interna.

Combatendo a Vergonha: A autocompaixão é uma ferramenta poderosa para combater a vergonha e a autocrítica. Em vez de se envergonhar de suas imperfeições, você aceita a si mesmo com amor e compreensão.

Cultivando Gratidão e Aceitação: A prática da autocompaixão está ligada à gratidão por quem você é, com todas as suas características e experiências. Isso leva a uma aceitação profunda de si mesmo, o que, por sua vez, contribui para uma mente mais tranquila.

Técnicas de Autocompaixão: A autocompaixão pode ser praticada através de várias técnicas, como a meditação da bondade amorosa, onde você deseja amor e felicidade para si mesmo e para os outros; escrever cartas gentis para si mesmo; ou simplesmente mudar a narrativa interna para uma de cuidado e compaixão.

Integração na Vida Diária: Além de práticas específicas, a autocompaixão pode ser uma filosofia de vida. Isso significa trazer a gentileza para todas as áreas da sua vida, seja no trabalho, relacionamentos ou nas suas atividades cotidianas.

Autocuidado: A autocompaixão também se reflete no autocuidado. Você se trata bem, estabelece limites saudáveis e se permite descansar e rejuvenescer.

A autocompaixão é uma habilidade poderosa que pode ser cultivada e desenvolvida. Ao praticar a gentileza e a compaixão consigo mesmo, você fortalece sua resiliência emocional, reduzindo a ansiedade e criando uma base mais saudável para lidar com os desafios da vida.

## Avaliação do Estresse e Estratégias de Enfrentamento

Avaliar o estresse e desenvolver estratégias eficazes de enfrentamento são habilidades valiosas para gerenciar a ansiedade e promover o bem-estar emocional. Vamos explorar em detalhes como você pode identificar e enfrentar o estresse de maneira adaptativa:

Identificação de Fontes de Estresse: O primeiro passo é reconhecer e identificar as fontes de estresse em sua vida. Isso pode incluir desafios no trabalho, problemas de relacionamento, questões financeiras, entre outros. Conscientizar-se das fontes é crucial para lidar eficazmente com o estresse.

Avaliação do Impacto do Estresse: Entenda como o estresse afeta você fisicamente, emocionalmente e mentalmente. O estresse pode se manifestar de várias maneiras, como insônia, irritabilidade, ansiedade, dores de cabeça, entre outros. Avalie como o estresse está impactando sua qualidade de vida.

Consequências da Não-Gestão do Estresse: Reconheça as consequências de não lidar com o estresse de forma eficaz. Isso pode incluir piora da saúde física, deterioração das relações pessoais, baixo desempenho no trabalho ou nos estudos, entre outros.

Autoconhecimento e Autocuidado: Conheça a si mesmo, suas limitações e suas necessidades. Pratique o autocuidado regularmente, dedicando tempo para atividades que o rejuvenescem e trazem alegria. Isso pode incluir exercícios, hobbies, meditação, entre outros.

Desenvolvimento de Estratégias de Enfrentamento: Aprenda e desenvolva estratégias de enfrentamento eficazes. Isso pode incluir técnicas de relaxamento, exercícios, meditação, terapia, ou falar com um amigo ou profissional de saúde mental. Cada pessoa pode responder de maneira diferente, então é importante experimentar e encontrar o que funciona para você.

Planejamento e Organização: Planeje suas atividades e compromissos. A organização pode reduzir o estresse associado à sensação de estar sobrecarregado. Estabeleça metas realistas e crie um plano para alcançá-las.

Busca de Ajuda Profissional: Não hesite em procurar a ajuda de um profissional de saúde mental, como um psicólogo ou terapeuta. Eles podem fornecer orientação especializada e estratégias personalizadas para enfrentar o estresse.

Prática Regular de Relaxamento: Adote práticas regulares de relaxamento, como técnicas de respiração, ioga ou relaxamento muscular progressivo. Essas práticas podem ajudar a aliviar a tensão física e mental associada ao estresse.

Avaliação Contínua e Ajustes: Regularmente, avalie a eficácia das suas estratégias de enfrentamento. Se algo não estiver funcionando, ajuste suas abordagens e tente novas estratégias para encontrar o que melhor se adapta a você.

A avaliação consciente do estresse e a implementação de estratégias de enfrentamento eficazes são passos essenciais para lidar com a ansiedade de forma adaptativa. Desenvolver resiliência emocional e saber como enfrentar os desafios da vida pode melhorar significativamente a sua qualidade de vida e bem-estar.

**Consultar Profissionais de Saúde Mental**

Quando enfrentamos ansiedade severa ou persistente, é crucial buscar ajuda de profissionais de saúde mental para orientação especializada e tratamento adequado. Aqui estão detalhes sobre a importância e o processo de buscar apoio profissional para lidar com a ansiedade:

Importância da Busca por Ajuda Profissional: A ansiedade pode se manifestar de várias formas e intensidades, e em alguns casos, pode ser difícil gerenciá-la sozinho. Profissionais de saúde mental têm o treinamento e a experiência necessários para avaliar, diagnosticar e tratar transtornos de ansiedade de maneira eficaz.

Tipos de Profissionais de Saúde Mental: Existem vários tipos de profissionais de saúde mental que podem ajudar no tratamento da ansiedade, incluindo psicólogos, psiquiatras, terapeutas ocupacionais, assistentes sociais clínicos, entre outros. Cada um tem uma abordagem específica e pode ser recomendado dependendo da situação e necessidades individuais.

O Papel do Psicólogo: Os psicólogos são especialistas em avaliar e tratar problemas de saúde mental, incluindo ansiedade. Eles utilizam técnicas terapêuticas, como a terapia cognitivo-comportamental, para ajudar os indivíduos a entenderem e modificarem padrões de pensamento disfuncionais que contribuem para a ansiedade.

O Papel do Psiquiatra: Os psiquiatras são médicos especializados no diagnóstico, tratamento e prevenção de transtornos mentais, incluindo ansiedade. Eles podem prescrever medicamentos, se necessário, e podem combinar tratamentos farmacológicos com terapia para um tratamento abrangente.

Procedimento de Busca por Ajuda: Comece pesquisando e identificando profissionais de saúde mental em sua área. Você pode pedir recomendações a médicos, amigos ou familiares. Certifique-se de que o profissional seja licenciado e tenha experiência no tratamento da ansiedade.

Agendamento de Consulta: Entre em contato com o profissional escolhido para agendar uma consulta. Na primeira consulta, você discutirá seus sintomas, histórico médico e quaisquer preocupações. Essa consulta inicial permite que o profissional compreenda sua situação e proponha um plano de tratamento.

Avaliação e Diagnóstico: Durante a consulta, o profissional de saúde mental fará uma avaliação detalhada para diagnosticar o tipo e a gravidade da ansiedade. O diagnóstico é fundamental para o desenvolvimento de um plano de tratamento eficaz.

Plano de Tratamento Personalizado: Após a avaliação, o profissional de saúde mental criará um plano de tratamento personalizado que pode incluir terapia, medicação, estratégias de enfrentamento e mudanças no estilo de vida.

Acompanhamento e Adaptações: É fundamental seguir o plano de tratamento proposto e comparecer a consultas de acompanhamento. Se necessário, o plano pode ser ajustado de acordo com o progresso ou mudanças nas necessidades.

Participação Ativa no Tratamento: É essencial participar ativamente do tratamento, compartilhando informações sobre seu progresso, preocupações e mudanças percebidas. Isso ajuda o profissional a adaptar o tratamento conforme necessário.

Buscar ajuda de profissionais de saúde mental é um passo crucial no manejo da ansiedade. Eles fornecerão orientação, suporte e as ferramentas necessárias para ajudá-lo a superar os desafios relacionados à ansiedade e melhorar sua qualidade de vida.

Essas estratégias podem ser combinadas e adaptadas de acordo com a preferência e necessidades individuais, oferecendo uma abordagem abrangente para mitigar os impactos da ansiedade na saúde mental. É importante lembrar que cada pessoa responde de maneira diferente, então é fundamental encontrar o que funciona melhor para cada indivíduo.

A ansiedade é uma força poderosa, capaz de moldar nosso mundo interno de maneiras profundas e complexas. Neste capítulo, exploramos as ramificações dessa tempestade emocional na esfera da saúde mental. Desde transtornos de ansiedade até a perda da autoestima, cada impacto é uma pedra que move a fundação de nossa saúde mental. Compreender a amplitude desse impacto é crucial para a nossa jornada em busca da cura e do equilíbrio.

Não podemos esquecer que a ansiedade também se manifesta no corpo físico, com sintomas somáticos que podem, por vezes, ser confundidos com condições médicas. No próximo capítulo, adentraremos um território igualmente vital, mas muitas vezes subestimado: os efeitos físicos da ansiedade. Assim como a mente e a emoção, nosso corpo é um participante ativo nessa dança. A ansiedade se entrelaça com nossa biologia, influenciando nosso bem-estar físico de maneiras surpreendentes. Vamos mergulhar nesse oceano complexo de conexões entre mente e corpo, explorando como nossa saúde física é impactada pela ansiedade e como podemos encontrar calma em meio a essa tormenta.

# 6
# IMPACTOS NA SAÚDE FÍSICA

*O corpo fala a linguagem da ansiedade; ouça e cuide, pois somos obras de arte em constante restauração.*

A ansiedade, essa reação emocional e fisiológica que todos nós experienciamos em algum momento de nossas vidas, é uma força poderosa e multifacetada. É uma resposta do nosso organismo ao estresse, um mecanismo antigo que nos prepara para lidar com ameaças percebidas, mobilizando nossas energias e foco para superar os desafios. Contudo, quando essa resposta se torna crônica, descontrolada e desproporcional às situações reais, ela deixa de ser nossa aliada e se transforma em uma fonte constante de angústia e perturbação.

Neste capítulo, adentramos no reino dos efeitos que a ansiedade pode ter sobre nossa saúde física. Não é apenas um peso sobre nossa mente; é uma carga que nosso corpo também carrega. A ansiedade não se limita a desencadear uma resposta de luta ou fuga; ela influencia nosso sistema nervoso, nossa musculatura, nossos padrões de sono e, em última instância, nossa saúde física em sua totalidade.

Exploraremos os efeitos dessa ansiedade prolongada, como a manifestação de dores físicas, tensão muscular persistente e distúrbios do sono. Vamos compreender como essa resposta ao estresse afeta nossos órgãos, nosso sistema imunológico e nosso bem-estar físico global. Além disso, discutiremos estratégias e abordagens para mitigar esses impactos prejudiciais na saúde física, com a intenção de oferecer caminhos para aliviar esse fardo que a ansiedade coloca sobre nosso corpo.

Preparando-nos para esse mergulho no impacto físico da ansiedade, é imperativo lembrar que nosso corpo e mente estão intrinsecamente interconectados. O que afeta um, impacta o outro. Assim, ao abordarmos os efeitos da ansiedade na saúde física, estamos também, indiretamente, falando sobre seu efeito na saúde mental e vice-versa. É uma dança complexa e vital que devemos entender para melhorar nossa qualidade de vida e promover uma saúde integral e equilibrada.

## EFEITOS DA ANSIEDADE EM NOSSO CORPO

Quando nos encontramos em um estado de ansiedade, nosso corpo reage como se estivéssemos em perigo, ativando uma resposta de estresse conhecida como "luta ou fuga". Essa resposta desencadeia uma série de reações fisiológicas que se manifestam de maneiras variadas e muitas vezes angustiantes:

### Dores Físicas

A ansiedade pode ter manifestações físicas notáveis, e uma das formas mais comuns é por meio de dores em diferentes partes do corpo. Essas dores podem variar em intensidade e localização, e são frequentemente desencadeadas pela tensão muscular resultante da ansiedade. Vamos explorar mais detalhes sobre esse fenômeno:

Localizações Comuns de Dores Físicas: A ansiedade pode manifestar-se como dores físicas em várias partes do corpo, incluindo cabeça, pescoço, ombros, costas e estômago. As áreas mais afetadas tendem a ser aquelas onde a tensão muscular se acumula devido ao estresse e à ansiedade constantes.

Tensão Muscular e Dores: A tensão muscular, uma resposta física ao estresse e à ansiedade, é um mecanismo de defesa do corpo. No entanto, a tensão crônica pode levar a dores de cabeça, enxaquecas, dores nas costas e desconforto abdominal, entre outros sintomas.

Ciclo Dor-Ansiedade: Um ciclo prejudicial pode se desenvolver quando as dores físicas causadas pela ansiedade levam a mais ansiedade, criando um ciclo onde a dor gera mais ansiedade e vice-versa. Esse ciclo pode ser desafiador de quebrar sem intervenções adequadas.

Conexão Corpo-Mente: O corpo e a mente estão profundamente interconectados. O estresse emocional e a ansiedade podem se manifestar fisicamente devido à liberação de hormônios do estresse e à tensão muscular. Da mesma forma, o desconforto físico pode afetar nossa saúde mental e bem-estar emocional.

Resposta do Sistema Nervoso: A ansiedade ativa o sistema nervoso simpático, desencadeando reações físicas de luta ou fuga. Isso pode resultar em aumento da frequência cardíaca, respiração rápida e tensão muscular, contribuindo para a sensação de dores e desconforto.

Estratégias de Alívio: Para interromper o ciclo dor-ansiedade, é essencial adotar estratégias que visem aliviar tanto a dor física quanto a ansiedade. Isso pode incluir terapias físicas, como massagem terapêutica, e técnicas de relaxamento, como meditação e respiração profunda.

Profissional de Saúde: Se as dores físicas persistirem ou piorarem, é importante procurar orientação de um profissional de saúde. Eles podem ajudar a avaliar e oferecer tratamentos específicos para aliviar a dor e abordar a ansiedade subjacente.

As dores físicas podem se tornar crônicas se a ansiedade persistir, levando a um ciclo onde a dor gera mais ansiedade e vice-versa. Compreender a relação entre ansiedade e dores físicas é crucial para adotar abordagens eficazes de manejo que levem em consideração tanto os aspectos emocionais quanto os físicos do bem-estar. O tratamento integrado, que considera a interação entre corpo e mente, é muitas vezes o mais eficaz para lidar com essas complexas interconexões.

**Distúrbios do Sono**

A relação entre ansiedade e distúrbios do sono é complexa e pode criar um ciclo vicioso que afeta significativamente a qualidade do sono e a ansiedade. Vamos aprofundar esse tema:

Distúrbios Comuns do Sono Associados à Ansiedade: A ansiedade pode causar vários distúrbios do sono, incluindo insônia, dificuldade em adormecer, permanecer dormindo e pesadelos frequentes. Esses distúrbios resultam da incapacidade de acalmar a mente antes de dormir devido à ansiedade persistente.

Ciclo Negativo entre Ansiedade e Sono: A ansiedade pode desencadear distúrbios do sono, e a falta de sono adequado pode piorar a ansiedade. Esse é um ciclo negativo, onde a ansiedade atrapalha o sono e a privação do sono aumenta a ansiedade, criando um ciclo prejudicial.

Mente Agitada e Inquietação Noturna: A mente agitada e preocupada, comum em pessoas ansiosas, pode impedir que o corpo e a mente se acalmem o suficiente para um sono reparador. Pensamentos incessantes e preocupações podem manter a pessoa acordada ou interromper o sono durante a noite.

Impacto da Privação do Sono na Ansiedade: A falta de sono adequado afeta negativamente nossa capacidade de lidar com o estresse e regular nossas emoções. Isso amplifica os sintomas da ansiedade, tornando mais difícil lidar com as situações do dia a dia.

Sono Reparador e Saúde Mental: Um sono reparador é vital para a saúde mental. Durante o sono, o cérebro processa emoções e eventos do dia, consolidando memórias e recarregando a mente para o próximo dia. A privação do sono pode prejudicar essas funções fundamentais.

Estratégias para Melhorar o Sono: Adotar uma rotina de sono consistente, criar um ambiente propício ao sono, evitar cafeína e eletrônicos antes de dormir, e praticar técnicas de relaxamento podem ajudar a melhorar a qualidade do sono e, consequentemente, reduzir a ansiedade associada.

Intervenção Profissional: Se os distúrbios do sono persistirem e afetarem significativamente a qualidade de vida, é crucial buscar ajuda de um profissional de saúde mental. Eles podem avaliar e oferecer tratamentos específicos para melhorar o sono e abordar a ansiedade subjacente.

Entender os efeitos físicos da ansiedade são uma parte crucial do que torna essa condição tão debilitante. Compreender como a ansiedade afeta o corpo é fundamental para buscar estratégias eficazes de manejo que visem não apenas a mente, mas também a saúde física, promovendo um equilíbrio integral para nosso bem-estar.

## EFEITOS DE LONGO PRAZO DA ANSIEDADE EM NOSSA SAÚDE FÍSICA

A ansiedade, quando crônica e não gerida adequadamente, pode ter impactos duradouros e significativos em nossa saúde física. Esses efeitos de longo prazo se manifestam de maneiras diversas, afetando diferentes sistemas e órgãos do nosso corpo:

### Sistema Cardiovascular

A ansiedade crônica pode exercer uma pressão adicional sobre o sistema cardiovascular, aumentando o risco de doenças cardíacas. A exposição contínua a altos níveis de hormônios do estresse, como cortisol e adrenalina, pode levar ao aumento da frequência cardíaca, pressão arterial elevada e outros fatores de risco cardiovasculares. Ao longo do tempo, isso pode contribuir para o desenvolvimento de condições cardíacas, como hipertensão, arritmias e doença arterial coronariana.

### Sistema Imunológico

A ansiedade crônica pode comprometer o sistema imunológico, tornando-nos mais suscetíveis a infecções e doenças. O estresse prolongado pode suprimir a função imunológica, reduzindo a eficácia das nossas defesas naturais contra patógenos. Isso pode resultar em um maior número de infecções, resfriados e outras enfermidades, afetando nossa qualidade de vida e bem-estar.

### Sistema Respiratório

A ansiedade pode afetar o sistema respiratório, levando a sintomas como respiração rápida, falta de ar e sensação de sufocamento. Em longo prazo, essa respiração inadequada pode contribuir para o desenvolvimento de problemas respiratórios crônicos, como a síndrome da hiperventilação. A ansiedade também pode agravar condições respiratórias preexistentes, como asma e doença pulmonar obstrutiva crônica (DPOC).

### Sistema Digestivo

A ansiedade crônica pode causar estragos no sistema digestivo, levando a problemas como síndrome do intestino irritável (SII), úlceras, azia e outros distúrbios gastrointestinais. O estresse prolongado pode afetar a motilidade do trato gastrointestinal, causando desconforto abdominal, diarreia, constipação e dor.

### Sistema Musculoesquelético

A tensão muscular crônica decorrente da ansiedade pode levar a problemas musculoesqueléticos de longo prazo. A tensão persistente pode causar dores musculares, rigidez e desgaste nas articulações, afetando a mobilidade e a qualidade de vida.

### Sistema Nervoso Central

A ansiedade crônica pode alterar a estrutura e a função do cérebro ao longo do tempo. Estudos indicam que áreas do cérebro envolvidas no processamento das emoções e na resposta ao estresse podem ser afetadas de forma adversa pela ansiedade persistente. Essas alterações podem estar relacionadas ao aumento do risco de transtornos neurológicos e psiquiátricos.

Compreender esses efeitos de longo prazo da ansiedade na saúde física é crucial para reconhecer a importância de abordar a ansiedade de maneira holística. Estratégias eficazes de manejo da ansiedade não apenas visam aliviar os sintomas imediatos, mas também proteger e promover a saúde física a longo prazo.

# ESTRATÉGIAS PARA MITIGAR OS IMPACTOS FÍSICOS DA ANSIEDADE

A ansiedade pode exercer uma pressão significativa em nosso corpo, resultando em vários efeitos físicos adversos. No entanto, existem estratégias eficazes que podem ser implementadas para ajudar a aliviar e mitigar esses impactos negativos no nosso bem-estar físico. São abordagens eficazes para mitigar os impactos físicos da ansiedade:

### Prática de Exercícios Físicos

O exercício regular é uma ferramenta poderosa para aliviar os efeitos físicos da ansiedade. Ele ajuda a liberar endorfinas, os neurotransmissores do bem-estar, reduzindo a tensão muscular, melhorando o sono e aliviando o estresse. Qualquer forma de atividade física, seja caminhada, corrida, ioga ou natação, pode ser benéfica.

### Técnicas de Relaxamento

Incorporar técnicas de relaxamento na rotina diária, como meditação, respiração profunda, relaxamento muscular progressivo e biofeedback, pode reduzir a tensão muscular e acalmar o sistema nervoso. Essas técnicas ajudam a diminuir a resposta ao estresse, promovendo uma sensação de calma e tranquilidade.

### Alimentação Saudável

Uma dieta equilibrada e saudável pode ter um impacto positivo na ansiedade e nos efeitos físicos associados a ela. Evitar cafeína, açúcar em excesso e alimentos processados pode ajudar a estabilizar o humor e a energia, reduzindo a tendência a flutuações bruscas. Optar por alimentos ricos em nutrientes e vitaminas, como frutas, vegetais, grãos integrais e proteínas magras, pode apoiar a saúde física e emocional.

### Sono Adequado

Garantir uma quantidade suficiente de sono de qualidade é fundamental para combater os efeitos da ansiedade no sono. Práticas regulares de higiene do sono, como manter um horário consistente de sono, criar um ambiente propício para dormir e limitar a exposição a dispositivos eletrônicos antes de dormir, podem melhorar a qualidade do sono e, por sua vez, reduzir os sintomas físicos relacionados à ansiedade.

### Atividades de Lazer e Recreação

Participar de atividades de lazer e recreação que tragam prazer e relaxamento, como hobbies, leitura, arte, música ou tempo ao ar livre, pode ajudar a reduzir a ansiedade e seus efeitos físicos. Estas atividades promovem uma pausa do estresse cotidiano, permitindo momentos de descontração e renovação.

### Terapia Ocupacional

A terapia ocupacional ou fisioterapia pode ser benéfica para aliviar os efeitos físicos da ansiedade, especialmente a tensão muscular. Os profissionais podem ensinar exercícios específicos de alongamento e relaxamento, bem como técnicas para melhorar a postura e a mobilidade, reduzindo a dor e o desconforto.

### Terapia Psicológica

A Terapia Cognitivo-Comportamental (TCC) e outras abordagens terapêuticas podem ajudar a gerenciar a ansiedade, reduzindo seus impactos físicos. Essas terapias ajudam a identificar padrões de pensamento negativos e a desenvolver habilidades para lidar com o estresse de maneira mais eficaz.

### Supervisão Médica

Em casos mais graves de ansiedade com efeitos físicos significativos, a supervisão de um profissional de saúde, como um médico ou psiquiatra, é fundamental. Eles podem recomendar medicamentos ou outras intervenções apropriadas para aliviar os sintomas físicos e emocionais.

Neste capítulo, exploramos minuciosamente os efeitos que a ansiedade exerce sobre nosso corpo físico. A ansiedade não é apenas um fenômeno mental, mas algo que se manifesta em nosso corpo de maneiras complexas e muitas vezes debilitantes. Desde dores físicas até distúrbios do sono, vimos como a ansiedade pode impactar profundamente nossa saúde física. Compreender esses efeitos é crucial para desenvolver estratégias que nos ajudem a mitigar o impacto da ansiedade em nosso bem-estar físico.

Adotar estratégias de mitigação dos impactos físicos da ansiedade como parte de uma abordagem abrangente para gerenciá-la pode ter um impacto positivo na nossa saúde física e emocional. Tenha em mente que cada pessoa é única, então é importante experimentar e adaptar essas estratégias de acordo com suas necessidades e preferências. A chave é buscar um equilíbrio que promova uma vida mais saudável e feliz.

No próximo capítulo, vamos compreender que a ansiedade é muitas vezes um ciclo vicioso, onde os sintomas alimentam-se mutuamente, criando uma espiral descendente. Ao entender essa dinâmica, podemos começar a quebrar esse ciclo e encontrar formas de interromper sua progressão negativa.

# 7
# O CICLO VICIOSO DA ANSIEDADE

*Quebre as correntes do ciclo vicioso, descubra sua liberdade, e respire o ar da tranquilidade.*

A ansiedade é uma força poderosa que pode se entranhar em nossas vidas, criando um ciclo vicioso que parece insuperável. É uma experiência complexa, muitas vezes iniciada por situações desencadeadoras que desencadeiam uma resposta emocional intensa. Mas o que acontece a partir daí é uma interconexão complexa de respostas fisiológicas, comportamentais e emocionais, criando uma espiral descendente que afeta cada aspecto do nosso ser.

Neste capítulo, adentramos no coração desse ciclo vicioso. Vamos desvendar suas camadas, entender suas engrenagens e, mais importante, aprender a quebrá-lo. Ao compreender o ciclo autoperpetuante da ansiedade, podemos adotar estratégias específicas e intencionais para interrompê-lo e promover uma recuperação plena.

# ENTENDIMENTO DO CICLO AUTOPERPETUANTE DA ANSIEDADE

A ansiedade não é um evento isolado; é um processo complexo e interativo que pode se transformar em um ciclo autoperpetuante. Compreender profundamente esse ciclo é fundamental para desvendar como a ansiedade persiste e até mesmo intensifica com o tempo. Vamos explorar detalhadamente os mecanismos envolvidos no ciclo vicioso da ansiedade.

**Desencadeadores Iniciais: O Início do Ciclo**

O ciclo da ansiedade tem seu ponto de partida nos desencadeadores iniciais, que são situações, eventos ou estímulos que iniciam a cadeia de reações que culminam na experiência da ansiedade. Vamos explorar mais detalhadamente esse estágio crucial do ciclo da ansiedade:

Natureza dos Desencadeadores: Os desencadeadores podem ser diversos, incluindo situações de estresse no trabalho, eventos traumáticos passados, incertezas sobre o futuro, medos específicos (como medo de voar, aranhas, lugares fechados) ou até mesmo uma reação a um ambiente particular, como grandes multidões ou espaços abertos.

Individualidade dos Desencadeadores: Cada pessoa possui suas próprias sensibilidades e gatilhos únicos que desencadeiam a ansiedade. O que pode ser um gatilho para uma pessoa pode não afetar outra da mesma maneira. Essa individualidade é resultado de experiências de vida, personalidade, história pessoal, e outros fatores que moldam as percepções e respostas de cada indivíduo.

Variedade de Desencadeadores: Os desencadeadores podem variar em intensidade e frequência. Alguns desencadeadores podem ser eventuais, enquanto outros podem ser persistentes. Podem surgir inesperadamente ou serem previsíveis. A ampla variedade de desencadeadores torna a compreensão individualizada essencial no processo de gerenciar a ansiedade.

Reações aos Desencadeadores: As reações aos desencadeadores podem incluir uma resposta emocional imediata, como medo, ansiedade, pânico, tristeza ou raiva. Essas reações emocionais muitas vezes desencadeiam uma série de reações físicas, cognitivas e comportamentais, desencadeando o ciclo de ansiedade.

Conexão com Experiências Passadas: Traumas passados, experiências negativas ou mesmo experiências positivas podem moldar a sensibilidade aos desencadeadores. A associação de uma situação atual com experiências anteriores pode intensificar a reação de ansiedade, criando uma conexão entre o passado e o presente.

Identificação e Gerenciamento: Identificar os desencadeadores é um passo fundamental para gerenciar a ansiedade. Isso permite desenvolver estratégias de enfrentamento adequadas para lidar com essas situações de maneira saudável e construtiva, quebrando o ciclo vicioso da ansiedade.

Entender a natureza e a individualidade dos desencadeadores iniciais é crucial para desenvolver estratégias eficazes de enfrentamento e interromper o ciclo de ansiedade. Ao reconhecer e compreender o que desencadeia a ansiedade, as pessoas podem trabalhar na prevenção e no gerenciamento eficaz dessas situações para melhorar sua qualidade de vida e bem-estar emocional.

**Resposta de Luta ou Fuga: Ativação do Corpo**

A resposta de luta ou fuga é uma reação automática e instintiva que ocorre diante de desencadeadores percebidos como ameaçadores. Na ansiedade, essa resposta é acionada pelo sistema nervoso autônomo e resulta em uma série de alterações físicas e hormonais. Vamos aprofundar a compreensão dessa resposta fundamental ao ciclo da ansiedade:

Natureza da Resposta de Luta ou Fuga: A resposta de luta ou fuga é uma resposta primitiva que tem a função de preparar o organismo para enfrentar ou fugir de uma ameaça percebida. Mesmo em situações modernas, essa resposta persiste e pode ser desencadeada por estímulos percebidos como perigosos ou estressantes.

Sistema Nervoso Autônomo: O sistema nervoso autônomo, composto pelos sistemas nervosos simpático e parassimpático, desempenha um papel central na resposta de luta ou fuga. Quando ativado, ele prepara o corpo para ação imediata.

Liberação de Hormônios do Estresse: A ativação da resposta de luta ou fuga desencadeia a liberação de hormônios do estresse, como a adrenalina e o cortisol, na corrente sanguínea. Esses hormônios preparam o corpo para uma resposta eficaz diante da ameaça percebida.

Adrenalina: A adrenalina é um hormônio que prepara o corpo para a ação imediata. Ela aumenta a frequência cardíaca, eleva a pressão arterial, dilata as vias respiratórias, aumenta a energia disponível e aguça os sentidos. Essas alterações físicas preparam o corpo para reagir rapidamente.

Cortisol: O cortisol é outro hormônio liberado durante a resposta de luta ou fuga. Ele aumenta a glicose no sangue para fornecer energia rápida aos músculos e ao cérebro. O cortisol também suprime funções não essenciais em momentos de estresse, como a digestão.

Reações Físicas Preparatórias: Além da liberação de hormônios, o corpo responde com mudanças físicas imediatas, incluindo dilatação das pupilas, aumento da frequência cardíaca, respiração mais rápida e superficial, aumento da sudorese e contração muscular. Essas reações preparam o corpo para a ação, seja para lutar contra a ameaça ou fugir dela.

Propósito Evolutivo: A resposta de luta ou fuga teve um papel crucial na sobrevivência dos ancestrais humanos, permitindo reações rápidas diante de predadores ou situações perigosas. Embora nossa vida moderna apresente desafios diferentes, essa resposta continua a ser ativada em situações de estresse e ansiedade.

Compreender a ativação do corpo durante a resposta de luta ou fuga na ansiedade é fundamental para abordar o ciclo de ansiedade de forma eficaz. Estratégias de manejo do estresse e da ansiedade podem ser direcionadas para modular essa resposta e promover um equilíbrio entre a reação ao estresse e o bem-estar emocional.

**Manifestação Física e Emocional: Sensações de Ansiedade**

Quando a resposta de luta ou fuga é desencadeada pela ansiedade, ela se manifesta em várias sensações físicas e emocionais que podem ser avassaladoras e intensificar a sensação de ansiedade. Vamos explorar mais a fundo essas manifestações:

Aceleração Cardíaca: Uma das manifestações físicas comuns é a aceleração do ritmo cardíaco. O coração começa a bater mais rápido como parte da preparação para uma possível ação de enfrentamento.

Respiração Superficial ou Ofegante: A respiração pode tornar-se mais superficial e rápida. Isso ocorre para garantir que o corpo receba oxigênio suficiente para enfrentar a situação percebida como ameaçadora.

Tensão Muscular: A ativação do sistema nervoso autônomo durante a ansiedade resulta em tensão muscular generalizada. Os músculos podem ficar contraídos e rígidos, contribuindo para sensações desconfortáveis.

Sudorese Excessiva: A ansiedade pode desencadear uma resposta de suor excessiva, resultando em mãos suadas, palmas suadas, e em alguns casos, sudorese generalizada.

Tonturas e Vertigens: Alguns indivíduos podem experimentar tonturas ou uma sensação de vertigem. Isso está relacionado à resposta do sistema vestibular do ouvido interno ao estresse.

Desconforto Gastrointestinal: A ansiedade pode afetar o trato gastrointestinal, levando a sensações de desconforto abdominal, náuseas ou diarreia.

Inquietação e Sensação de Agitação: Pessoas ansiosas muitas vezes apresentam inquietação física, como mexer as pernas, balançar os pés ou mexer constantemente nas mãos.

Pensamentos Intrusivos: A mente pode ser inundada por pensamentos preocupantes e intrusivos relacionados à situação estressante. Esses pensamentos podem se tornar obsessivos.

Medo e Preocupações Intensificadas: A resposta de luta ou fuga pode amplificar o medo e a preocupação sobre a situação desencadeante, resultando em uma espiral de ansiedade.

Sensação de Perigo Iminente: Uma sensação geral de perigo iminente ou de uma ameaça iminente é comum durante um episódio de ansiedade ativado pelo ciclo de luta ou fuga.

Essas manifestações físicas e emocionais da ansiedade podem ser avassaladoras e contribuir para um ciclo de ansiedade persistente. Compreender essas manifestações é crucial para desenvolver estratégias eficazes de enfrentamento, incluindo técnicas de relaxamento, meditação e terapia cognitivo-comportamental, que visam acalmar o corpo e a mente, quebrar o ciclo de ansiedade e promover a recuperação mental.

**Padrões de Pensamento Negativos: Ciclo Cognitivo**

Os padrões de pensamento negativos desempenham um papel fundamental no ciclo da ansiedade, influenciando como percebemos e respondemos a situações desencadeantes. Vamos explorar mais detalhadamente esse ciclo cognitivo e como ele se relaciona à ansiedade:

Antecipação do Pior: Durante um episódio de ansiedade, a mente tende a antecipar o pior cenário possível em relação à situação desencadeante. Essa antecipação excessiva e pessimista pode intensificar a ansiedade.

Catastrofização: A tendência de catastrofizar é amplificada na ansiedade. As pessoas podem imaginar as piores consequências de uma situação, mesmo que sejam altamente improváveis. Essa amplificação do perigo pode levar a um aumento exponencial da ansiedade.

Preocupação Excessiva: A mente ansiosa pode entrar em um ciclo de preocupação excessiva. Os pensamentos continuam girando em torno da situação, muitas vezes repetindo os mesmos medos e incertezas, levando a um aumento do estado de ansiedade.

Pensamentos Autodepreciativos: Durante a ansiedade, a autoestima pode ser comprometida. Os indivíduos podem ter pensamentos negativos sobre si mesmos, duvidando de suas habilidades e competências. Esses pensamentos autodepreciativos podem intensificar a ansiedade.

Autocrítica Constante: A autocrítica é comum na ansiedade. As pessoas podem se criticar de maneira implacável, focando nos erros percebidos ou em supostas falhas, o que pode alimentar ainda mais a ansiedade e o medo.

Ruminar sobre o Passado: A mente ansiosa muitas vezes fica presa em eventos passados, revisitando situações em que se sentiu ansiosa ou insegura. Esse hábito de ruminação pode intensificar a ansiedade ao reforçar padrões de pensamento negativos.

Exagero da Gravidade da Situação: Os padrões de pensamento negativos podem levar a uma visão exagerada da gravidade da situação. As preocupações podem ser amplificadas, resultando em ansiedade excessiva.

Hipervigilância: A ansiedade pode levar a uma vigilância excessiva em relação a possíveis ameaças. Isso significa que os indivíduos estão constantemente atentos a sinais de perigo, o que perpetua o ciclo de ansiedade.

Compreender esses padrões de pensamento é essencial para abordar a ansiedade de maneira eficaz. A mudança nos padrões cognitivos pode interromper o ciclo negativo e promover uma melhor saúde mental.

## Comportamentos de Esquiva e Segurança: Respostas de Adaptação

Os comportamentos de esquiva e segurança são estratégias que as pessoas adotam para lidar com a ansiedade. Vamos aprofundar nossa compreensão sobre essas respostas adaptativas e como elas influenciam o ciclo da ansiedade:

Esquiva: Esquivar-se envolve evitar ou se afastar de situações, atividades ou lugares que são percebidos como desencadeadores de ansiedade. Pode incluir evitar reuniões sociais, espaços lotados, apresentações públicas ou qualquer cenário que cause desconforto. A esquiva proporciona um alívio imediato, mas mantém a ansiedade a longo prazo, pois a pessoa não enfrenta e supera suas preocupações.

Busca de Garantias: Algumas pessoas buscam garantias para se sentir mais seguras em situações ansiosas. Isso pode incluir pedir repetidamente a opinião de outros para validar suas decisões, procurar constantemente informações sobre uma situação ou realizar verificações repetitivas para se certificar de que tudo está em ordem. Essa busca por garantias temporariamente alivia a ansiedade, mas não resolve a causa subjacente.

Rituais Repetitivos: Os rituais repetitivos, também conhecidos como compulsões, são ações ou comportamentos realizados de forma repetitiva em resposta à ansiedade. Podem incluir lavagem excessiva das mãos, verificar portas várias vezes, contar compulsivamente ou realizar movimentos específicos. Esses rituais oferecem uma sensação de controle temporário sobre a ansiedade, mas, a longo prazo, contribuem para a manutenção da ansiedade.

Evitar Situações Desconfortáveis: Evitar situações que desencadeiam ansiedade é uma forma comum de comportamento de esquiva. As pessoas podem evitar situações sociais, desafios no trabalho, ou até mesmo atividades diárias que temem que possam desencadear ansiedade. A evitação limita a exposição à ansiedade, mas também limita o crescimento pessoal e a superação das preocupações.

Dependência de "Zonas de Conforto": Algumas pessoas criam zonas de conforto, onde se sentem seguras e menos ansiosas. Podem se apegar a ambientes ou atividades específicas que lhes proporcionam conforto, recusando-se a sair dessas zonas. Embora possam sentir alívio temporário, essa dependência das zonas de conforto não aborda a ansiedade subjacente e pode levar a uma vida limitada.

Padrões de Evitação Generalizada: Com o tempo, a esquiva pode se tornar generalizada, levando à evitação de uma ampla variedade de situações. Isso restringe a vida da pessoa, criando barreiras para o crescimento pessoal e a realização de metas.

Esses comportamentos de esquiva e segurança são compreendidos como mecanismos de enfrentamento que oferecem alívio momentâneo da ansiedade. No entanto, a longo prazo, eles mantêm a ansiedade e contribuem para a persistência do ciclo da ansiedade.

**Reforço do Ciclo: Aprendizado e Condicionamento**

Aprofundando nossa compreensão sobre como a ansiedade se perpetua, vamos explorar a fase de reforço do ciclo, que envolve aprendizado e condicionamento. Este processo desempenha um papel crucial na persistência da ansiedade e na sua intensificação ao longo do tempo:

Aprendizado Associativo: Cada vez que uma pessoa vivencia a resposta de luta ou fuga em determinada situação ansiosa, ocorre um processo de aprendizado associativo no cérebro. Ele associa os estímulos ou situações desencadeantes aos sentimentos de ansiedade que experimentou. Por exemplo, se uma pessoa sente ansiedade durante uma apresentação pública, sua mente associa essa situação específica (palco, plateia, etc.) com os sintomas de ansiedade.

Reforço da Ansiedade: Esse aprendizado associativo reforça a resposta de ansiedade. Cada vez que a pessoa é exposta à situação temida, o cérebro reafirma essa associação ansiosa. Assim, a ansiedade aumenta e se torna uma resposta automática frente a esses estímulos.

Condicionamento Clássico: Esse processo é semelhante ao condicionamento clássico, um conceito amplamente estudado na psicologia. O estímulo neutro original (a situação) se torna um estímulo condicionado que elicia uma resposta ansiosa semelhante à situação real. O cérebro aprende a esperar ansiedade na presença desses estímulos condicionados.

Sensibilização: Com o tempo e a repetição desse processo, a sensibilização ocorre. Isso significa que a ansiedade se intensifica com o tempo, tornando-se mais pronunciada e difícil de controlar. O ciclo da ansiedade se perpetua, e enfrentar as situações temidas pode se tornar ainda mais desafiador.

Dificuldade em Quebrar o Ciclo: A sensibilização e o condicionamento resultam em um ciclo autoperpetuante. O cérebro está agora altamente sensibilizado para associar esses estímulos à ansiedade, tornando a interrupção do ciclo mais desafiadora. Mesmo situações inicialmente não ansiosas podem começar a evocar ansiedade devido a esse condicionamento.

Compreender essa dinâmica de reforço é crucial para abordar a ansiedade de forma eficaz.

### Persistência e Intensificação: O Ciclo Perpétuo

Vamos aprofundar nosso entendimento sobre a fase de persistência e intensificação no ciclo autoperpetuante da ansiedade, compreendendo como esse ciclo se fortalece e persiste ao longo do tempo:

Automatização da Resposta Ansiosa: À medida que o ciclo da ansiedade se repete, a resposta ansiosa torna-se automatizada. O cérebro cria uma ligação forte e rápida entre os desencadeadores e a resposta de ansiedade, levando a uma reação praticamente instantânea.

Ampliação do Leque de Situações Ansiosas: Com o tempo, a ansiedade pode se generalizar para além das situações ou estímulos iniciais. Inicialmente associada a determinados desencadeadores, a ansiedade começa a ser acionada por uma gama mais ampla de estímulos relacionados ou não à situação original.

Ciclo que se Reforça Mutuamente: A intensificação da ansiedade e a sua generalização resultam em um ciclo que se reforça mutuamente. A ansiedade generalizada amplifica a sensação de perigo percebido, alimentando o ciclo e tornando-o mais difícil de ser interrompido.

Dificuldade de Distinguir Causa e Efeito: Com a intensificação do ciclo, torna-se desafiador para a pessoa discernir o que veio primeiro: a ansiedade ou a situação que a desencadeia. Esse processo dificulta a identificação precisa das raízes da ansiedade, complicando a intervenção eficaz.

Perpetuação Inconsciente: Parte desse ciclo acontece de forma inconsciente. Os padrões de resposta ansiosa podem ser tão automáticos e sutis que a pessoa pode não perceber conscientemente que está presa nesse ciclo autoperpetuante.

Necessidade de Intervenção Consciente: Dada a automatização e a generalização da ansiedade, é necessário um esforço consciente e intervenção terapêutica para quebrar esse ciclo. Estratégias terapêuticas específicas, como técnicas de exposição, reestruturação cognitiva e regulação emocional, são vitais para ajudar a interromper a intensificação e persistência da ansiedade.

Compreender essa fase do ciclo autoperpetuante é fundamental para elaborar estratégias terapêuticas eficazes que possam desafiar e modificar esses padrões, promovendo uma resposta mais adaptativa às situações que desencadeiam ansiedade e, assim, rompendo o ciclo persistente de ansiedade.

Ao identificar os pontos de intervenção e implementar estratégias eficazes, podemos interromper o ciclo autoperpetuante e iniciar nossa jornada em direção à recuperação e ao bem-estar mental.

## MÉTODOS PARA QUEBRAR O CICLO E PROMOVER A RECUPERAÇÃO

Quebrar o ciclo autoperpetuante da ansiedade é essencial para aliviar a angústia e promover uma melhor saúde mental e física. Vamos explorar estratégias e métodos eficazes para interromper esse ciclo vicioso e iniciar o processo de recuperação.

### Conscientização e Educação

O primeiro passo crucial é a conscientização sobre a natureza do ciclo da ansiedade. Entender como os desencadeadores, respostas físicas e padrões de pensamento estão interconectados é fundamental. A educação sobre a ansiedade, seus sintomas e seus efeitos ajuda a pessoa a reconhecer quando o ciclo está começando e a tomar medidas para interrompê-lo.

### Prática da Exposição Gradual

A exposição gradual é uma das estratégias mais eficazes para superar a evitação. Gradualmente, comece a se expor às situações que o fazem sentir ansiedade, começando com aquelas menos temidas. Aos poucos, vá enfrentando situações mais desafiadoras. Isso ajuda a desativar a resposta de ansiedade e a mostrar ao seu cérebro que a situação não é tão perigosa quanto parece.

### Técnicas de Relaxamento

Práticas de relaxamento, como respiração profunda, meditação, ioga e mindfulness, podem ajudar a reduzir a ativação do sistema nervoso simpático. Ao acalmar o corpo e a mente, você pode interromper o ciclo da ansiedade, reduzindo a resposta física ao estresse.

### Busca por Ajuda Profissional

Um profissional de saúde mental, como um psicólogo ou psiquiatra, pode fornecer orientação especializada para entender e enfrentar a ansiedade. A terapia cognitivo-comportamental (TCC) é um tratamento comum e altamente eficaz para os transtornos de ansiedade.

### Estilo de Vida Saudável

Manter um estilo de vida saudável, incluindo uma dieta equilibrada, exercícios regulares e uma rotina de sono adequada, pode ajudar a equilibrar os neurotransmissores e promover um estado mental mais estável, auxiliando na quebra do ciclo da ansiedade.

### Aprender Estratégias de Enfrentamento

Desenvolver habilidades de enfrentamento saudáveis, como resolução de problemas, pensamento positivo e comunicação assertiva, pode ajudar a lidar com as situações desencadeadoras de maneira mais eficaz, rompendo o ciclo da ansiedade.

### Prática de *Mindfulness*

A prática regular de *mindfulness* ajuda a manter-se no presente, evitando que a ansiedade sobre o futuro e remorso pelo passado o prendam. Isso pode interromper o ciclo autoperpetuante, permitindo que você se concentre em ações positivas e construtivas.

### Incorporar Atividades de Relaxamento na Rotina Diária

Integrar atividades de relaxamento em sua rotina diária, mesmo nos momentos não ansiosos, pode ajudar a regular o estresse e evitar que ele se acumule, quebrando o ciclo de ansiedade.

### Apoio Social

Conversar com amigos, familiares ou participar de grupos de apoio pode fornecer o suporte necessário para quebrar o ciclo da ansiedade. Compartilhar experiências e aprender com os outros pode ser extremamente útil na jornada de recuperação.

**Cuidado com o Autocuidado**

Pratique o autocuidado de forma consistente. Tire tempo para si mesmo, faça coisas que o fazem se sentir bem, cuide de sua saúde física e emocional. Um corpo e mente saudáveis são mais capazes de quebrar o ciclo da ansiedade.

O ciclo vicioso da ansiedade é uma armadilha complexa, mas não é invencível. No capítulo anterior, exploramos em detalhes como a ansiedade pode se tornar um ciclo autoperpetuante, alimentado por pensamentos, respostas físicas e emoções interconectadas. O entendimento é o primeiro passo vital para superar essa armadilha. Agora, nos voltamos para estratégias práticas e acessíveis para quebrar esse ciclo, recuperar o controle e trabalhar em direção a uma vida mais equilibrada e serena.

O caminho para a superação da ansiedade passa pelo autogerenciamento. No próximo capítulo, mergulharemos em estratégias valiosas para ajudar você a assumir o controle e recuperar a paz interior. Desde práticas diárias até técnicas profundas de autorreflexão, aprenderemos a cultivar a resiliência e a encontrar a paz em meio à tormenta da ansiedade. Estas estratégias não são apenas ferramentas; são convites para uma nova forma de viver, com confiança e clareza.

# 8
# ESTRATÉGIAS DE AUTOGERENCIAMENTO

*Seja o maestro da sua própria calma, componha sua melodia e harmonize seu ser.*

Vivemos em um mundo em constante movimento, repleto de demandas, expectativas e desafios. Nesse cenário, é comum que a ansiedade se manifeste, muitas vezes se tornando uma companheira indesejada em nosso cotidiano. A ansiedade pode variar de leve a intensa, impactando nossa qualidade de vida e bem-estar. No entanto, não estamos fadados a ser reféns da ansiedade. Podemos desenvolver estratégias práticas e eficazes para gerenciá-la e promover nosso próprio equilíbrio emocional.

Este capítulo é uma jornada pelo universo das estratégias de autogerenciamento da ansiedade. Vamos explorar métodos comprovados que podem ajudar a aliviar a ansiedade e trazer serenidade à nossa vida. São ferramentas ao nosso alcance, esperando para serem aplicadas e integradas ao nosso dia a dia.

Entenderemos a importância da aceitação, do exercício físico, da reestruturação cognitiva e de outras práticas que se mostram eficazes na redução dos níveis de ansiedade. Além disso, vamos adentrar o reino da respiração consciente, do relaxamento progressivo e da atenção plena, técnicas poderosas que nos conectam ao presente e nos ajudam a encontrar paz interior.

Ao adotar essas estratégias, não estamos apenas combatendo os sintomas da ansiedade. Estamos cultivando uma mentalidade resiliente, fortalecendo nossa capacidade de enfrentar desafios e promovendo nossa saúde mental e física.

## ESTRATÉGIAS PRÁTICAS PARA ENFRENTAR MOMENTOS DE ALTA ANSIEDADE

Quando nos deparamos com momentos de alta ansiedade, é essencial possuir estratégias práticas que nos auxiliem a navegar por essas águas turbulentas de forma eficaz e saudável. A ansiedade intensa pode se manifestar em situações diversas, desde antes de uma apresentação importante até em situações de grande incerteza. São estratégias práticas que podem ajudar a enfrentar tais momentos e retomar o controle sobre nossas emoções:

**Respiração Consciente (ou Técnica da Respiração Profunda)**

A respiração consciente é uma ferramenta poderosa para aliviar a ansiedade imediatamente. Ela ajuda a acalmar o sistema nervoso, reduzindo a frequência cardíaca e a pressão arterial. Um exercício simples é inspirar lentamente pelo nariz, contando até quatro, segurar a respiração por quatro segundos e, depois, expirar pela boca contando novamente até quatro. Repetir esse ciclo algumas vezes pode trazer um alívio imediato.

### Prática da Aceitação e Compromisso (ACT)

A ACT é uma abordagem que envolve aceitar os pensamentos e sentimentos sem julgamento, permitindo que passem pela mente sem lutar contra eles. Em seguida, compromete-se a agir de acordo com os valores pessoais, mesmo na presença desses pensamentos desconfortáveis. Isso ajuda a evitar a luta contra a ansiedade, o que muitas vezes a intensifica.

### Exercícios Físicos Regularmente

A prática regular de exercícios físicos, como caminhada, corrida, ioga ou dança, libera endorfinas, neurotransmissores que aliviam o estresse e a ansiedade. Além disso, o exercício ajuda a manter um sono saudável, o que é crucial para controlar a ansiedade.

### Prática de *Mindfulness* e Meditação

A atenção plena (*mindfulness*) e a meditação podem ajudar a acalmar a mente e a cultivar a consciência do momento presente. Ao se concentrar na respiração ou em um objeto específico, podemos afastar os pensamentos ansiosos e encontrar um estado de calma e equilíbrio.

### Estabelecimento de Metas Realistas

Definir metas realistas e alcançáveis ajuda a reduzir a ansiedade relacionada ao desempenho. Estabelecer objetivos específicos, mensuráveis, alcançáveis, relevantes e com prazo (conhecidos como metas SMART) pode fornecer uma sensação de controle e diminuir a ansiedade.

### Técnicas de Relaxe Muscular Progressiva

Essa técnica envolve contrair e relaxar intencionalmente os grupos musculares, começando pelos pés e subindo até a cabeça. Esse processo ajuda a liberar a tensão física e mental, promovendo a sensação de relaxamento.

### Desenvolvimento de Hobbies Relaxantes

Praticar hobbies relaxantes, como pintura, jardinagem, cozinhar ou ouvir música, pode proporcionar uma pausa das fontes de estresse e ansiedade, permitindo um tempo para descanso e rejuvenescimento.

### Prática de Diálogo Interno Positivo

Desenvolver um diálogo interno positivo e encorajador pode ajudar a reverter padrões de pensamento negativos. Incentivar a si mesmo com palavras de apoio pode mudar a perspectiva e reduzir a ansiedade.

Adotar essas estratégias práticas em momentos de alta ansiedade pode fazer uma diferença significativa, capacitando-nos a enfrentar desafios de maneira mais equilibrada e resoluta. Cada pessoa é única, então é importante experimentar e descobrir quais estratégias funcionam melhor para você. O importante é que essas práticas estejam alinhadas com seus valores e contribuam para sua saúde mental e bem-estar.

# TÉCNICAS DE RESPIRAÇÃO, RELAXAMENTO E MINDFULNESS PARA CONTROLAR A ANSIEDADE

Controlar a ansiedade pode ser alcançado através de técnicas de respiração, relaxamento e mindfulness. Estas estratégias são eficazes para acalmar a mente, aliviar o estresse e ajudar a restabelecer o equilíbrio interno. Abaixo, aprofundaremos essas práticas e como podem ser aplicadas de forma eficaz:

**Técnicas de Respiração**

A respiração é uma ferramenta poderosa para o controle da ansiedade, pois está diretamente ligada ao nosso sistema nervoso e ao estado emocional. Utilizar técnicas de respiração pode ajudar a acalmar a mente, reduzir o estresse e proporcionar uma sensação de relaxamento. Vamos explorar algumas dessas técnicas:

Respiração Diafragmática (ou Respiração Abdominal): Esta técnica envolve respirar profundamente, enchendo primeiro o abdômen, depois o peito. Ao inspirar, o abdômen se expande, e ao expirar, ele se contrai. Isso ajuda a acalmar o sistema nervoso e a reduzir a ansiedade.

Como fazer:

1. Sente-se ou deite-se confortavelmente.
2. Coloque uma mão no peito e a outra no abdômen.
3. Inspire lentamente pelo nariz, enchendo primeiro o abdômen e depois o peito.

4. Expire pela boca ou nariz, liberando o ar do peito e depois do abdômen.

Padrão de Respiração 4-7-8: Neste padrão, você inspira pelo nariz contando até quatro, prende a respiração por sete segundos e expira pela boca contando até oito. Repita esse ciclo algumas vezes. Ajuda a acalmar a mente e induzir o sono.

Como fazer:

1. Feche os olhos e coloque a ponta da língua no céu da boca, logo atrás dos dentes superiores.
2. Expire completamente pela boca, fazendo um som de "quh" enquanto o ar sai.
3. Feche a boca e inspire silenciosamente pelo nariz, contando mentalmente até quatro.
4. Prenda a respiração e conte até sete.
5. Expire pela boca lentamente, contando até oito, fazendo novamente o som de "quh".

Respiração Alternada (*Nadi Shodhana*): É uma técnica de respiração usada no yoga. Consiste em alternar as narinas durante a respiração, o que equilibra os hemisférios cerebrais, proporcionando um efeito calmante.

Como fazer:

1. Sente-se em uma posição confortável com a coluna ereta.
2. Use o polegar para fechar a narina direita e inspire lentamente pela narina esquerda.

3. Após a inspiração completa, feche a narina esquerda com o dedo anelar e prenda a respiração por alguns segundos.
4. Libere a narina direita e expire lentamente por ela.
5. Inspire pela narina direita, feche-a, e expire pela narina esquerda.
6. Continue alternando dessa maneira.

Essas técnicas de respiração são ferramentas valiosas para acalmar a mente e o corpo em momentos de ansiedade. Praticá-las regularmente pode melhorar a capacidade de resposta ao estresse, proporcionando tranquilidade e equilíbrio emocional. A escolha da técnica dependerá da situação e de suas preferências pessoais. Experimente cada uma delas e incorpore-as em sua rotina para colher os benefícios duradouros.

**Técnicas de Relaxamento**

Além das técnicas de respiração, existem diversas abordagens de relaxamento que podem ser muito eficazes para aliviar a ansiedade e o estresse. Estas técnicas visam reduzir a tensão muscular, acalmar a mente e criar um estado de tranquilidade. Vamos explorar algumas delas:

Relaxamento Muscular Progressivo: Essa técnica envolve contrair e relaxar grupos musculares, começando pelos pés e subindo até a cabeça. Ajuda a liberar a tensão acumulada no corpo.

Como fazer:

1. Sente-se ou deite-se confortavelmente.

2. Comece contraindo os músculos dos pés por alguns segundos e depois relaxe-os completamente.
3. Prossiga contraindo e relaxando gradualmente cada grupo muscular, subindo dos pés à cabeça.
4. Ao contrair, sinta a tensão nos músculos e, ao relaxar, sinta a liberação da tensão.

Visualização Guiada: Consiste em imaginar um ambiente ou situação relaxante. Você pode criar uma cena pacífica em sua mente e se concentrar nela para reduzir a ansiedade.

Como fazer:

1. Encontre um local tranquilo e sente-se ou deite-se confortavelmente.
2. Feche os olhos e respire profundamente para relaxar.
3. Crie uma cena relaxante em sua mente – pode ser uma praia, uma floresta ou qualquer lugar que traga tranquilidade.
4. Visualize todos os detalhes dessa cena, desde as cores até os sons e aromas.

Biofeedback: É um método que permite a uma pessoa aprender a controlar funções corporais, como frequência cardíaca, pressão arterial e tensão muscular. Através desse feedback, pode-se aprender a relaxar conscientemente.

Como fazer:

1. Procure um profissional de saúde especializado em biofeedback.
2. Durante uma sessão, sensores monitorarão suas funções corporais.
3. Com a orientação do profissional, você aprenderá técnicas para controlar e reduzir essas funções.

Essas técnicas de relaxamento são valiosas para reduzir a ansiedade, promover o bem-estar e melhorar a saúde mental. Incorporar essas práticas na sua rotina diária pode fazer uma diferença significativa em como você lida com o estresse e a ansiedade. Experimente cada uma delas e descubra a que mais se adequa ao seu estilo de vida e necessidades. A prática regular dessas técnicas pode ajudar a alcançar um estado de calma e equilíbrio.

### Práticas de *Mindfulness*

O *mindfulness*, uma prática antiga com raízes na meditação budista, é uma ferramenta poderosa para gerenciar a ansiedade. Envolve a atenção plena e consciente ao momento presente, permitindo uma compreensão mais profunda de nós mesmos e do mundo ao nosso redor. Vamos explorar algumas práticas de mindfulness que podem ajudar a reduzir a ansiedade e promover o bem-estar mental:

Meditação *Mindfulness*: A meditação *mindfulness* é um dos pilares fundamentais dessa prática. Envolve dedicar tempo para se concentrar em sua respiração e no momento presente. Sente-se confortavelmente, preste atenção à sua respiração e, quando sua mente vagar (o que é normal), traga suavemente sua atenção de volta à sua respiração. Isso ajuda a acalmar a mente e a criar um estado de tranquilidade.

Atenção Plena nas Sensações do Corpo: Esta técnica direciona sua atenção para as sensações físicas do seu corpo. Sente-se em um lugar calmo e preste atenção às sensações do seu corpo – a pressão contra a cadeira, a sensação do chão sob os pés, a temperatura da pele. Isso o ajuda a se conectar com o momento presente e a afastar os pensamentos ansiosos.

Observação Não Julgadora de Pensamentos: A observação não julgadora dos pensamentos é uma prática de aceitação. Ao invés de julgar ou reagir emocionalmente aos seus pensamentos, simplesmente observe-os. Reconheça que eles estão lá, mas não se envolva com eles emocionalmente. Isso pode trazer uma compreensão mais clara de seus padrões de pensamento e ajudar a liberar a ansiedade associada a eles.

No decorrer deste capítulo, mergulhamos nas profundezas das estratégias de autogerenciamento, conhecemos valiosas ferramentas para enfrentar e controlar a ansiedade. Desde as técnicas de respiração que nos ajudam a encontrar calma até os métodos de relaxamento que aliviam as tensões acumuladas, cada estratégia é uma peça importante no quebra-cabeça da gestão da ansiedade.

O *mindfulness*, com sua capacidade de nos manter ancorados no presente, e a visualização, que nos transporta para ambientes pacíficos, são poderosos recursos para equilibrar nossa mente e corpo. A prática consistente dessas técnicas pode verdadeiramente transformar nossa relação com a ansiedade e nos oferecer uma maior sensação de calma, melhor clareza mental e uma resposta mais equilibrada ao estresse. Lembre-se, a chave é a prática regular e a incorporação dessas técnicas em sua rotina para colher os benefícios a longo prazo.

No próximo capítulo, vamos explorar a resiliência, uma habilidade fundamental para prosperar diante das adversidades que a vida nos apresenta. A resiliência não é apenas a capacidade de resistir ao estresse, mas também a habilidade de nos adaptarmos, aprendermos e crescermos com as experiências desafiadoras. Juntos, vamos descobrir como podemos nos tornar mais resilientes, encarando os desafios de forma corajosa e transformando-os em oportunidades para nosso crescimento pessoal.

# 9
# CONSTRUINDO RESILIÊNCIA

*Como uma árvore resistente, dobre-se com as tempestades, mas nunca quebre; cresça, floresça e desabroche.*

A vida é um ciclo de altos e baixos, desafios e triunfos. Em nosso percurso, enfrentamos turbulências inesperadas, quedas que nos tiram o fôlego e colisões que desestabilizam nosso equilíbrio emocional. Nesse universo de incertezas e mudanças, a resiliência emerge como uma âncora vital que nos mantém firmes, permitindo-nos não apenas sobreviver, mas prosperar diante das adversidades.

A resiliência é muito mais do que resistir à tormenta. É uma orquestração magistral de nossa força interior e habilidade para transformar o negativo em positivo, o sofrimento em crescimento pessoal. Ela se traduz na capacidade de flexibilizar nossa mente e coração para se adaptar, aprender e evoluir a partir dos desafios que enfrentamos.

Neste capítulo, exploraremos profundamente a construção da resiliência, uma jornada interior de autodescoberta e fortalecimento. Aprenderemos como cultivar essa qualidade intrínseca, nutri-la e vê-la florescer em nós e em nossa vida cotidiana. Vamos desvendar as técnicas e mentalidades que nos ajudam a nos tornar mais resilientes, a transformar a dor em sabedoria e a adversidade em crescimento.

## A NATUREZA DA RESILIÊNCIA

A resiliência não é um dom concedido a poucos sortudos, mas uma habilidade que pode ser cultivada por todos nós. É a arte de se curvar sem se quebrar, de encontrar esperança quando tudo parece perdido e de emergir das cinzas com uma determinação renovada.

Essa força interior nos capacita a transformar adversidades em oportunidades de crescimento. Diante das situações mais desafiadoras, a resiliência nos permite encontrar esperança, aprender com as quedas e emergir com determinação renovada. É um caminho de superação e autoaperfeiçoamento, onde as cicatrizes do passado se tornam alicerces para um futuro mais sólido.

## COMO DESENVOLVER A RESILIÊNCIA EMOCIONAL

A resiliência é uma qualidade dinâmica, uma força que se adapta, evolui e se fortalece ao longo do tempo. É como um músculo que pode ser exercitado e tonificado. Quanto mais a praticamos, mais ela se desenvolve, crescendo em intensidade e profundidade.

Desenvolver a resiliência emocional é uma jornada interior que requer autoexploração, consciência e ação consciente. É uma qualidade que, assim como um músculo, pode ser fortalecida e aprimorada com o tempo. Vamos mergulhar profundamente na arte de cultivar essa habilidade crucial, onde o autoconhecimento e a aceitação emocional desempenham um papel fundamental.

**Autoconhecimento e Aceitação Emocional**

A resiliência começa dentro de nós, na compreensão e aceitação das nossas emoções. Conhecer nossos próprios padrões emocionais, gatilhos e reações é como traçar um mapa do terreno emocional que habitamos. Aceitar plenamente essas emoções, mesmo aquelas que consideramos difíceis ou desconfortáveis, é o primeiro passo para aprender a lidar com elas de maneira saudável. Reconhecer que todas as emoções têm um propósito e são válidas é um ato de auto empatia que forma a base da nossa resiliência.

**Forte Rede de Apoio Social**

Nenhum de nós está sozinho nesta jornada. Ter uma rede de apoio social forte é um pilar fundamental para a resiliência emocional. Amigos, familiares ou grupos de apoio são fontes preciosas de suporte em tempos de necessidade. A capacidade de compartilhar nossas preocupações, medos e desafios com outros cria um senso de pertencimento e alivia o peso emocional que carregamos. Ao estender nossa mão em busca de ajuda e ao oferecer ajuda quando possível, estamos construindo pontes essenciais que nos fortalecem no longo caminho da vida.

### Flexibilidade Cognitiva

Nossa maneira de interpretar e responder aos eventos é um aspecto crucial da resiliência emocional. Está ligada à nossa flexibilidade cognitiva, que é a habilidade de adaptar nossa forma de pensar diante de situações desafiadoras. É essencial sermos capazes de avaliar as situações de diferentes perspectivas, questionar nossas crenças e ajustar nossas respostas de acordo com a realidade em evolução. Cultivar uma mente flexível e aberta nos ajuda a não nos prendermos a padrões de pensamento limitantes, permitindo-nos encontrar soluções criativas e construtivas para os desafios que enfrentamos.

### Estabelecimento de Metas e Foco no Futuro

Estabelecer metas tangíveis e realistas é uma maneira eficaz de dar direção e propósito à nossa vida. Mesmo as metas mais pequenas podem ser poderosas âncoras para a resiliência. Elas nos ajudam a manter um senso de progresso, acreditar em nosso potencial e fornecer uma bússola para o nosso caminho. Focar no futuro, visualizar nossas metas e acreditar que podemos alcançá-las, mesmo diante das dificuldades, é um aspecto essencial da resiliência. É um lembrete constante de que há luz no fim do túnel, mesmo nos momentos mais escuros.

### Saúde Física e Bem-Estar

As saúdes física e emocional estão entrelaçadas de forma intrincada. Manter um estilo de vida saudável é uma base sólida para a resiliência emocional. Uma alimentação equilibrada, exercícios físicos regulares e sono adequado são pilares que fortalecem nosso corpo, o que, por sua vez, apoia nossa mente. Cuidar do nosso bem-estar físico não é apenas uma questão de saúde, mas uma estratégia vital para construir resiliência emocional. Um corpo saudável é o solo fértil no qual nossa resiliência emocional cresce e floresce.

Esses elementos formam a base sólida para o desenvolvimento da resiliência emocional. É um convite para olhar para dentro, reconhecer nossas emoções, buscar apoio, ser flexíveis em nossa maneira de pensar, nutrir nossos objetivos e cuidar de nosso corpo. Juntos, eles nos guiam na construção de uma resiliência duradoura, nos fortalecendo para enfrentar as tormentas da vida e emergir mais fortes do que nunca.

## COMO TRANSFORMAR ADVERSIDADE EM CRESCIMENTO PESSOAL

A verdadeira magia da resiliência emerge quando somos capazes de transformar a adversidade em crescimento pessoal. Vamos explorar como podemos encontrar significado em nossas lutas, como podemos aprender com nossos fracassos e como podemos emergir mais fortes depois de cada tempestade. A capacidade de extrair sabedoria e maturidade de nossas experiências desafiadoras é a verdadeira essência da resiliência.

**Reavaliação Positiva**

A reavaliação positiva é uma poderosa estratégia psicológica que nos ajuda a transformar a adversidade em crescimento pessoal. Vamos explorar mais detalhadamente esta técnica transformadora:

Interpretando Situações de Forma Positiva: A reavaliação positiva envolve reinterpretar situações negativas sob uma luz positiva. Em vez de se concentrar apenas nas dificuldades e desvantagens, busca-se identificar os aspectos positivos e significativos da experiência desafiadora.

Extração de Lições Valiosas: A prática da reavaliação positiva permite que extraímos lições valiosas de nossas experiências desafiadoras. Podemos aprender sobre nossas próprias forças e fraquezas, nossos valores, e como enfrentar situações semelhantes no futuro de forma mais eficaz.

Desenvolvimento de Resiliência: Ao reavaliar uma adversidade como uma oportunidade de aprendizado, desenvolvemos resiliência. Isso nos fortalece emocionalmente para enfrentar futuros desafios, pois passamos a ver cada situação difícil como um trampolim para o nosso desenvolvimento.

Mudança da Narrativa Interna: Ao alterar a forma como interpretamos um revés, podemos mudar nossa narrativa interna. De uma perspectiva negativa, podemos passar a enxergar a situação como uma chance de crescimento, realinhando nossa visão de nós mesmos e do mundo.

Encontrando Pontos de Luz nas Situações Sombrias: A reavaliação positiva nos ajuda a encontrar pontos de luz mesmo nas situações mais sombrias. Pode ser um aprendizado inesperado, uma conexão mais profunda com os outros ou uma compreensão mais profunda de nós mesmos. Esses pontos de luz nos fornecem esperança e motivação para seguir em frente.

Aumento do Bem-Estar Emocional: Ao adotar uma perspectiva positiva, experimentamos um aumento no bem-estar emocional. Isso pode incluir um aumento da felicidade, redução do estresse e uma sensação de paz interior, mesmo diante das adversidades.

Aplicação em Diferentes Áreas da Vida: A reavaliação positiva pode ser aplicada em várias áreas da vida, como relacionamentos, carreira, saúde e desafios pessoais. É uma ferramenta versátil que nos ajuda a enfrentar as vicissitudes da vida com resiliência e otimismo.

Em suma, a reavaliação positiva é uma habilidade valiosa que nos capacita a transformar desafios em oportunidades. É um poderoso mecanismo de crescimento pessoal que nos ajuda a encontrar significado e força nas experiências adversas, permitindo-nos crescer e florescer, independentemente das circunstâncias.

**Crescimento Pós-Traumático**

O crescimento pós-traumático é um fenômeno psicológico onde uma pessoa, após vivenciar um trauma ou evento altamente estressante, consegue não apenas se recuperar emocionalmente, mas também crescer e amadurecer devido à experiência. Vamos explorar em detalhes essa notável capacidade de transformar adversidade em crescimento:

Adversidade Como Catalisador de Transformação: O trauma pode agir como um catalisador para uma transformação profunda na vida de uma pessoa. Ao enfrentar experiências altamente estressantes, alguns indivíduos encontram uma força interior antes desconhecida e desenvolvem um novo propósito e perspectiva de vida.

Mudança de Perspectiva: O crescimento pós-traumático frequentemente está associado a uma mudança significativa de perspectiva. A pessoa começa a ver o mundo de forma diferente, valorizando mais as pequenas coisas, as relações interpessoais e a própria vida.

Apreciação da Vida e Relacionamentos: Após o trauma, há uma valorização mais profunda da vida e das relações. A pessoa pode aprender a apreciar a vida cotidiana, reconhecendo sua fragilidade e, ao mesmo tempo, cultivando relacionamentos mais autênticos e significativos.

Resiliência Aprimorada: Enfrentar e superar o trauma pode fortalecer a resiliência da pessoa. Ela pode desenvolver habilidades de enfrentamento mais eficazes, o que a ajuda a lidar melhor com futuras adversidades e desafios.

Maior Empatia e Compaixão: O trauma pode sensibilizar a pessoa para o sofrimento dos outros. Ela pode desenvolver uma maior empatia e compaixão, transformando a dor pessoal em uma motivação para ajudar e apoiar os outros.

Crescimento Espiritual: Algumas pessoas experimentam crescimento espiritual após um trauma, encontrando respostas ou significado em dimensões espirituais de suas vidas. Isso pode proporcionar consolo e força durante a jornada de recuperação.

Aceitação da Impermanência: O trauma pode ensinar a aceitar a impermanência da vida e a fragilidade do ser humano. Essa aceitação pode levar a uma atitude mais serena em relação às situações da vida e ao entendimento de que todas as coisas, boas ou más, são temporárias.

Desenvolvimento de Novos Objetivos de Vida: Após um trauma, a pessoa pode reformular seus objetivos e metas de vida. Ela pode adotar uma nova direção, muitas vezes mais alinhada com seus valores e desejos autênticos.

O crescimento pós-traumático ilustra a notável resiliência humana e a capacidade de transformar até as experiências mais devastadoras em oportunidades de crescimento e fortalecimento. Ao aprender com o passado e cultivar uma visão mais positiva e compassiva, é possível emergir de um trauma não apenas sobrevivendo, mas verdadeiramente crescendo e prosperando.

**Aprimoramento da Resiliência Através da Adversidade**

Enfrentar e superar adversidades é uma jornada que pode aprimorar nossa resiliência e fortalecer nosso caráter. Cada desafio apresenta uma oportunidade valiosa para crescermos e desenvolvermos habilidades importantes. Vamos explorar mais detalhes sobre como a adversidade pode se tornar um meio de crescimento e desenvolvimento:

Desenvolvimento da Resiliência: A resiliência é a capacidade de se adaptar e se recuperar após experienciar desafios e adversidades. A adversidade oferece a oportunidade de fortalecer essa habilidade vital, ajudando-nos a enfrentar futuros desafios com mais confiança.

Aprendizado e Adaptação: Cada desafio traz consigo lições valiosas. Podemos aprender com nossos erros e dificuldades, adaptando-nos às circunstâncias e ajustando nossa abordagem para futuras situações semelhantes.

Ampliação das Habilidades Emocionais: A adversidade muitas vezes nos coloca em contato com uma ampla gama de emoções. Aprender a reconhecer, compreender e gerenciar essas emoções é uma parte crucial do crescimento pessoal que pode nos tornar mais emocionalmente inteligentes e resilientes.

Cultivo da Determinação e Perseverança: Enfrentar adversidades nos desafia a persistir e manter a determinação, mesmo diante de obstáculos. Esse cultivo da perseverança pode fortalecer nossa mentalidade e nos ajudar a alcançar nossos objetivos a longo prazo.

Construção de Autonomia: A adversidade muitas vezes nos coloca em situações onde precisamos tomar decisões e assumir responsabilidade por nossas ações. Isso pode promover o desenvolvimento da autonomia e da confiança em nossas habilidades.

Fomento do Crescimento Pessoal: Ao superar desafios, podemos crescer pessoalmente de várias maneiras, como aumentar nossa autoconsciência, fortalecer nossos valores e encontrar um propósito mais profundo em nossas vidas.

Construção de Resolução de Problemas: A adversidade nos desafia a resolver problemas de maneiras inovadoras e eficazes. Desenvolvemos habilidades de resolução de problemas que podem ser aplicadas em várias áreas de nossas vidas.

Fortalecimento das Relações: Enfrentar desafios pode criar uma oportunidade para fortalecer nossas relações. Compartilhar experiências difíceis com amigos, familiares ou grupos de apoio pode criar conexões mais profundas.

A adversidade não é apenas uma provação; é um professor exigente que nos desafia a crescer e aprimorar nossas habilidades. Quando enfrentamos desafios de maneira construtiva e aprendemos com eles, estamos nos preparando para um futuro mais resiliente e recompensador. A jornada pelo caminho da resiliência começa com o reconhecimento do potencial de crescimento que cada desafio apresenta.

**Aceitação da Impermanência**

A aceitação da impermanência é uma filosofia de vida poderosa que reconhece que tudo está sujeito a mudanças constantes. Aprofundemos nossa compreensão sobre esse conceito e como ele pode influenciar positivamente nossa abordagem perante a vida:

Conceito de Impermanência: A impermanência é a natureza transitória e mutável de todas as coisas. Nada permanece igual e eterno; tudo está sujeito a mudanças, desde os eventos mais simples até as grandes fases da vida.

Equilíbrio nas Mudanças: Aceitar a impermanência nos ajuda a equilibrar nossas emoções e atitudes frente às mudanças. Em vez de resistir ou temer a mudança, aprendemos a fluir com ela, mantendo nossa serenidade interior.

Cultivo da Aceitação: Aceitar a impermanência envolve cultivar uma atitude de aceitação em relação ao fluxo natural da vida. Isso significa abraçar cada momento, independentemente de ser positivo ou negativo, como parte da jornada da vida.

Redução do Sofrimento: A resistência à impermanência pode levar ao sofrimento. Aceitá-la ajuda a reduzir esse sofrimento, pois compreendemos que a felicidade e a tristeza são temporárias, e que a própria natureza da vida é cíclica.

Mentalidade de Desapego Saudável: Entender a impermanência leva a uma mentalidade de desapego saudável. Não nos apegamos excessivamente a nada, sabendo que tudo pode mudar. Isso libera a mente das garras do medo e da ansiedade.

Resiliência Diante das Mudanças: Aceitar a impermanência ajuda a desenvolver resiliência. Estamos mais preparados para lidar com as mudanças e desafios que a vida nos apresenta, pois sabemos que a situação atual é apenas uma fase e que pode ser superada.

Cultivo da Apreciação: Sabendo que nada dura para sempre, aprendemos a apreciar mais cada momento presente. Valorizamos as boas experiências e aprendemos com as adversidades, pois sabemos que são todas parte do fluxo natural da vida.

Espiritualidade e Filosofia de Vida: A aceitação da impermanência é uma base fundamental em muitas tradições espirituais e filosofias de vida. Incentiva a busca de paz interior, sabedoria e compaixão.

Paz no Momento Presente: Ao aceitar a impermanência, encontramos paz no momento presente. Não estamos preocupados com o passado ou o futuro, pois sabemos que cada momento é único e valioso em sua própria essência.

A prática da aceitação da impermanência nos ajuda a viver com mais graça e flexibilidade, permitindo que nossa jornada na vida flua com naturalidade. Encontramos contentamento no presente, independentemente do que o futuro possa trazer, e abraçamos a mudança como uma parte inevitável e enriquecedora de nossa existência.

**Cultivo da Resiliência no Dia a Dia**

A resiliência é uma habilidade valiosa que nos ajuda a enfrentar os desafios da vida com força e adaptabilidade. Vamos explorar maneiras práticas de cultivar a resiliência em nosso cotidiano para nos prepararmos melhor para os tempos difíceis:

Autoconsciência e Autogerenciamento: Conhecer nossas emoções, pensamentos e reações é o primeiro passo para cultivar a resiliência. Ao estar conscientes de nós mesmos, podemos gerenciar nossas emoções de maneira eficaz durante os desafios.

Estabelecimento de Metas Realistas: Definir metas realistas e alcançáveis nos ajuda a manter o foco e a motivação. Ao atingir essas metas, fortalecemos nossa crença em nossa capacidade de enfrentar desafios.

Desenvolvimento da Resolução de Problemas: Aprendemos a abordar os problemas de forma estruturada e eficaz, procurando soluções construtivas. Essa habilidade é fundamental para enfrentar desafios de maneira produtiva.

Estabelecimento de Rede de Apoio: Cultivar relacionamentos positivos e de apoio é crucial. Ter uma rede de amigos, familiares ou colegas com quem podemos compartilhar nossos desafios nos dá um suporte valioso.

Prática da Gratidão e do Contentamento: Focar no que temos e expressar gratidão ajuda a manter uma perspectiva positiva. Isso nos fortalece emocionalmente para enfrentar os momentos difíceis.

Adoção de Estilo de Vida Saudável: Uma dieta equilibrada, exercícios físicos regulares e uma boa qualidade de sono são essenciais para a resiliência. Um corpo saudável ajuda a manter uma mente equilibrada e resistente.

Cultivo de Hobbies e Interesses: Ter atividades que nos apaixonam pode ser um grande alívio do estresse e da pressão diária. Essas atividades nos oferecem uma válvula de escape e uma oportunidade de renovar nossa energia.

Fomento da Flexibilidade Mental: A vida é incerta e, muitas vezes, não acontece como planejamos. Aprender a se adaptar e ser flexível em várias situações é um atributo-chave da resiliência.

Busca de Aprendizado Contínuo: Estar aberto à aprendizagem e ao crescimento é vital. Cada experiência, boa ou ruim, nos ensina algo. Extrair lições dos desafios nos torna mais fortes.

Prática da Mindfulness e Meditação: A meditação e a prática da atenção plena podem ajudar a acalmar a mente e a fortalecer nossa capacidade de lidar com o estresse e a adversidade.

Manutenção de uma Atitude Positiva: Manter uma atitude positiva mesmo em tempos difíceis pode fazer uma grande diferença. O otimismo nos ajuda a enfrentar os desafios com resiliência e determinação.

Reconhecimento e Aceitação das Emoções: Aceitar e processar nossas emoções, mesmo as negativas, é fundamental. Isso nos ajuda a não ficar sobrecarregados e a desenvolver uma compreensão mais profunda de nós mesmos.

Cultivar a resiliência no dia a dia não apenas nos ajuda a enfrentar os desafios imediatos, mas nos fortalece para enfrentar os desafios futuros de maneira mais confiante e equilibrada. É uma abordagem proativa para viver uma vida plena e significativa, independentemente das circunstâncias.

Neste capítulo, mergulhamos fundo na resiliência emocional, explorando como ela pode ser desenvolvida e cultivada ao longo do tempo. A resiliência não é uma qualidade inata, mas sim uma habilidade que podemos nutrir e fortalecer. Descobrimos que autoconhecimento, redes de apoio sólidas, flexibilidade cognitiva, estabelecimento de metas e cuidados com a saúde física são os alicerces da resiliência.

Além disso, discutimos como a verdadeira magia da resiliência se revela quando transformamos a adversidade em crescimento pessoal. A reavaliação positiva, o crescimento pós-traumático e a capacidade de aprimorar nossa resiliência através da adversidade são os pilares desse processo transformador.

Agora, enquanto concluímos nossa caminhada de construção da resiliência, estamos prontos para avançar e explorar como nosso estilo de vida e bem-estar desempenham um papel crucial em nossa saúde mental e emocional. O próximo capítulo, nos levará a uma jornada em direção a escolhas e hábitos que promovem nossa felicidade, equilíbrio e saúde mental duradoura. Vamos aprender como nutrir nosso corpo e mente para construir uma vida plena e significativa.

# 10
# ESTILO DE VIDA E BEM-ESTAR

*Cada escolha é uma tela em branco; pinte seu quadro de paz, colorindo sua vida com bem-estar.*

O estilo de vida que escolhemos e as práticas que incorporamos diariamente têm um impacto profundo na nossa saúde física e mental. Desde a alimentação que escolhemos até a maneira como gerenciamos o estresse, cada decisão molda nossa qualidade de vida e nossa capacidade de lidar com a ansiedade.

Ao longo deste capítulo, vamos mergulhar em estratégias práticas para promover um estilo de vida mais saudável e menos ansioso. Abordaremos a importância de uma dieta equilibrada e exercícios físicos, fornecendo insights sobre como esses elementos fundamentais podem ser aliados poderosos na gestão da ansiedade.

Descubra como pequenas mudanças na sua rotina diária, escolhas conscientes em relação à alimentação e a prática regular de atividades físicas podem fazer uma grande diferença em sua jornada rumo ao bem-estar emocional e físico.

# ESTRATÉGIAS PARA PROMOVER UM ESTILO DE VIDA MAIS SAUDÁVEL E MENOS ANSIOSO

Promover um estilo de vida saudável e menos ansioso é um compromisso consigo mesmo para cultivar bem-estar em todas as áreas da vida. São estratégias práticas que o ajudarão a alcançar esse equilíbrio desejado.

### Prática Regular de Exercícios Físicos

A atividade física é uma aliada poderosa na busca por uma vida com menos ansiedade. Seja através de uma corrida matinal, uma aula de yoga revitalizante ou uma simples caminhada pelo parque, o exercício libera endorfinas, neurotransmissores responsáveis pela sensação de bem-estar. Introduza uma atividade física que lhe traga alegria em sua rotina diária e desfrute dos benefícios tanto físicos quanto mentais.

### Meditação e Práticas de Relaxamento

Meditar e praticar técnicas de relaxamento como a respiração profunda e o mindfulness são como bálsamos para a mente ansiosa. Dedique alguns minutos todos os dias para se desconectar do mundo externo e se conectar consigo mesmo. Ao acalmar a mente e diminuir o ritmo, você encontrará clareza e paz interior.

### Alimentação Balanceada

Nossa dieta desempenha um papel fundamental em nossa saúde mental. Opte por uma dieta equilibrada e nutritiva, composta por frutas, vegetais, grãos integrais, proteínas magras e gorduras saudáveis. Evite alimentos processados, excesso de açúcar e cafeína, pois podem desencadear ou agravar os sintomas de ansiedade.

### Sono de Qualidade

O sono é um componente crucial para a saúde mental. Estabeleça uma rotina de sono consistente, crie um ambiente propício para dormir e evite estimulantes antes de deitar. O sono reparador ajuda a renovar o corpo e a mente, fortalecendo sua capacidade de enfrentar o dia com tranquilidade.

### Gestão do Estresse

Gerenciar o estresse é uma habilidade valiosa para uma vida menos ansiosa. Organize seu tempo de maneira eficaz, aprenda a delegar tarefas e pratique técnicas de relaxamento. Saiba dizer não quando necessário e reserve tempo para atividades que o relaxem.

### Atividades de Lazer

Permita-se momentos de lazer dedicados a atividades que você ama. Pintura, leitura, jardinagem, música ou qualquer hobby que o faça se desconectar das preocupações cotidianas são uma válvula de escape para o estresse e a ansiedade.

### Criação de uma Rotina Estruturada

Estabeleça uma rotina diária estruturada, incluindo horários para refeições, exercícios, trabalho, lazer e sono.

A previsibilidade e a organização podem ajudar a reduzir a ansiedade, proporcionando um senso de controle.

**Construção de Relações Sociais**

Cultivar relacionamentos saudáveis e significativos é essencial para o bem-estar emocional. Compartilhe suas experiências com amigos e familiares, participe de grupos com interesses comuns e ofereça seu apoio a outros. O suporte social pode aliviar a ansiedade e criar uma rede de segurança.

**Aprendizado e Crescimento Pessoal**

Investir em seu desenvolvimento pessoal é um passo para uma vida mais realizada e menos ansiosa. Estabeleça metas alcançáveis que o motivem a crescer e se desenvolver. A busca constante por aprendizado e crescimento proporciona um senso de propósito e satisfação.

**Gratidão e Prática do Otimismo**

A prática da gratidão diária é um antídoto poderoso para a ansiedade. Reconheça as coisas positivas em sua vida e agradeça por elas. Cultivar uma perspectiva otimista, concentrando-se nas soluções em vez dos problemas, transformará sua forma de enfrentar a vida e contribuirá para a redução da ansiedade.

Ao implementar essas estratégias em sua vida cotidiana, você estará construindo um estilo de vida mais saudável e menos ansioso, promovendo um equilíbrio essencial entre corpo, mente e espírito. Lembre-se de que o bem-estar é uma jornada contínua, e cada passo que você der em direção a um estilo de vida mais saudável é um passo em direção a uma vida mais plena e tranquila.

## A IMPORTÂNCIA DE UMA DIETA EQUILIBRADA E EXERCÍCIOS FÍSICOS PARA CONTROLAR A ANSIEDADE

Vivemos em uma era onde o ritmo acelerado da vida cotidiana muitas vezes nos deixa presos em um ciclo de estresse e ansiedade. Em meio a essa realidade desafiadora, reconhecer a importância de uma dieta equilibrada e da prática regular de exercícios físicos é fundamental para manter não apenas nossa saúde física, mas também nossa saúde mental.

**Impacto da Dieta na Ansiedade**

A relação entre a dieta e a ansiedade é profunda. Alimentos ricos em açúcares simples e gorduras trans podem desencadear flutuações de açúcar no sangue, afetando o humor e aumentando a ansiedade. Por outro lado, uma dieta rica em frutas, vegetais, grãos integrais e proteínas magras pode fornecer os nutrientes necessários para o equilíbrio mental.

A serotonina, neurotransmissor associado ao bem-estar e humor, pode ser influenciada pela dieta. O triptofano, um aminoácido precursor da serotonina, pode ser encontrado em alimentos como nozes, sementes, legumes e peixes, e incorporá-los em sua dieta pode ajudar a regular o humor e a ansiedade.

## Benefícios dos Exercícios Físicos na Ansiedade

Os exercícios físicos são uma das maneiras mais eficazes de reduzir a ansiedade. Durante a prática de atividades físicas, nosso corpo libera endorfinas, substâncias químicas no cérebro que atuam como analgésicos naturais e estabilizadores de humor. Além disso, o exercício ajuda a reduzir a produção de cortisol, o hormônio do estresse.

Além do impacto químico, a prática regular de exercícios está diretamente relacionada a uma melhor qualidade do sono, algo essencial para controlar a ansiedade. O sono adequado restaura o corpo e a mente, preparando-nos para enfrentar o dia com mais calma e clareza mental.

## Como Incorporar uma Dieta Equilibrada e Exercícios em sua Rotina

A incorporação de uma dieta equilibrada e exercícios físicos em nossa rotina pode parecer desafiadora inicialmente, mas é totalmente viável com abordagem gradual e consistente. Comece fazendo pequenas alterações em sua dieta, introduzindo mais alimentos saudáveis e reduzindo os prejudiciais. Da mesma forma, experimente diferentes tipos de exercícios até encontrar aqueles que lhe agradam e se encaixam em sua vida.

Consultar um nutricionista ou um profissional de saúde é uma excelente maneira de obter orientações específicas sobre uma dieta equilibrada que atenda às suas necessidades. Para os exercícios, considerar a orientação de um *personal trainer* para um plano personalizado pode ser uma ótima opção.

### A Busca pelo Equilíbrio

Encontrar o equilíbrio adequado entre uma dieta equilibrada e a prática regular de exercícios físicos é uma busca individual. Cada pessoa é única e suas necessidades variam. Experimente diferentes abordagens, ouça seu corpo e faça ajustes conforme necessário. Tenha em mente que a pressão excessiva para mudar drasticamente sua dieta ou se exercitar intensamente pode aumentar a ansiedade. A consistência e a moderação são fundamentais para alcançar e manter um estilo de vida saudável.

Ao priorizar uma dieta equilibrada e a prática regular de exercícios físicos, você está fazendo um investimento valioso em sua saúde física e mental. Essas escolhas conscientes podem desempenhar um papel significativo no controle da ansiedade e na busca por uma vida plena e equilibrada. Portanto, siga em frente, adote hábitos saudáveis e desfrute dos benefícios duradouros que eles podem proporcionar para o seu bem-estar.

Neste capítulo, exploramos a importância vital de um estilo de vida equilibrado para enfrentar a ansiedade. Observamos que a nossa dieta e atividade física têm um impacto profundo não apenas em nossa saúde física, mas também em nosso bem-estar mental. Uma dieta equilibrada, rica em nutrientes essenciais, aliada à prática regular de exercícios físicos, pode ser um grande aliado na busca por uma vida menos ansiosa e mais plena.

Tenha em mente que não se trata de buscar a perfeição, mas sim equilíbrio. É sobre fazer escolhas conscientes, incorporando gradualmente mudanças positivas em nossa rotina diária. Ao cuidarmos de nosso corpo, estamos também nutrindo nossa mente. Ao integrarmos uma alimentação saudável e atividade física em nossa vida cotidiana, estamos dando passos concretos em direção a um estado de equilíbrio e bem-estar.

No próximo capítulo, vamos adentrar um tema cada vez mais presente em nossas vidas: a tecnologia. Em um mundo digitalizado e conectado, a tecnologia pode ter um impacto significativo em nossa saúde mental, incluindo a ansiedade. Vamos explorar como o uso excessivo de dispositivos, redes sociais e a constante exposição ao mundo digital podem afetar nossa saúde emocional. Além disso, discutiremos estratégias e práticas que nos permitam usar a tecnologia de maneira consciente e benéfica para nossa saúde mental, buscando um equilíbrio saudável entre a vida online e offline.

## 11
# TECNOLOGIA E ANSIEDADE

*Domine a arte da presença digital, equilibrando-a com a serenidade do mundo real.*

Vivemos em uma era onde a tecnologia permeia todos os aspectos de nossas vidas. Desde o despertar até o adormecer, estamos constantemente imersos no mundo digital. As inovações tecnológicas abriram portas para uma maior conectividade, eficiência e comodidade. No entanto, essa revolução digital também trouxe consigo um conjunto de desafios, particularmente em relação à nossa saúde mental. Neste capítulo, adentraremos no universo da tecnologia e sua influência sobre a ansiedade.

A conectividade instantânea e o acesso ininterrupto à informação têm suas vantagens, mas também trazem uma série de preocupações para a saúde mental. A ansiedade, um dos problemas mais prevalentes em nosso mundo moderno, é fortemente afetada pelo uso excessivo e inadequado da tecnologia. Vamos explorar como o consumo desenfreado de informações, a pressão das redes sociais, o isolamento digital e a dependência dos dispositivos eletrônicos estão interligados à ansiedade.

No decorrer deste capítulo, examinaremos o impacto direto do uso excessivo de tecnologia na nossa saúde mental. Vamos analisar como a sobrecarga de informações digitais, a comparação constante, a falta de interação face a face e a influência na qualidade do sono podem contribuir para a ansiedade e o estresse. Compreender esses efeitos é essencial para tomarmos medidas significativas em busca de um equilíbrio saudável entre a tecnologia e nosso bem-estar emocional.

Além de identificar os desafios, também apresentaremos estratégias práticas e eficazes para mitigar os efeitos prejudiciais do uso excessivo de tecnologia. Afinal, a tecnologia não é inerentemente negativa; sua utilização consciente e equilibrada pode ser benéfica. Discutiremos a importância de estabelecer limites claros, praticar o desligamento digital, criar espaço para atividades desconectadas e cultivar a consciência digital. Essas práticas podem nos ajudar a recuperar o controle sobre nossa relação com a tecnologia e, consequentemente, aliviar a ansiedade associada a ela.

## IMPACTO DO USO EXCESSIVO DE TECNOLOGIA NA ANSIEDADE

A presença e o uso ubíquo da tecnologia na sociedade contemporânea trouxeram consigo um vasto espectro de mudanças e impactos significativos em várias esferas da vida humana. No entanto, um desses impactos que merece uma atenção especial é o efeito do uso excessivo de tecnologia na ansiedade, uma condição que afeta milhões de pessoas em todo o mundo.

### A Sobrecarga de Informações e Estresse Digital

A era digital trouxe consigo um dilúvio ininterrupto de informações. Estamos expostos a uma avalanche de notícias, atualizações de redes sociais, e-mails, mensagens instantâneas e notificações de aplicativos a cada segundo. Embora a facilidade de acesso à informação seja uma dádiva, a sobrecarga de informações pode ser avassaladora. O estresse digital resultante desse excesso de informações pode levar à ansiedade e ao esgotamento. A dificuldade de discernir o que é importante e relevante em meio a essa avalanche pode criar uma sensação de desespero e falta de controle, alimentando a ansiedade.

### Comparação Social e Insegurança

As redes sociais, apesar de fornecerem uma plataforma para conexão e compartilhamento, muitas vezes são palcos para a comparação social. A exposição às vidas aparentemente perfeitas de outros pode cultivar um sentimento de inadequação e baixa autoestima. As pessoas tendem a comparar suas vidas, aparências, conquistas e sucessos com os outros, criando uma competição constante e muitas vezes irreal. Isso pode levar à ansiedade, pois as pessoas se sentem pressionadas a corresponder a padrões inatingíveis.

### Isolamento e Redução da Interatividade Face a Face

Embora estejamos mais interconectados digitalmente, isso não se traduz necessariamente em uma maior conexão emocional e social. As interações virtuais, muitas vezes impessoais e superficiais, estão substituindo as interações face a face mais profundas e significativas. O isolamento emocional resultante pode levar à solidão e à ansiedade. A falta de contato humano real e profundo pode deixar as pessoas se sentindo desconectadas e ansiosas, apesar da presença aparentemente vasta nas redes sociais.

### Impacto na Qualidade do Sono

O hábito de usar dispositivos eletrônicos antes de dormir é comum na era digital. No entanto, a exposição à luz azul emitida por esses dispositivos pode perturbar nosso ciclo de sono. A qualidade do sono é essencial para a saúde mental, e sua interrupção devido ao uso excessivo de tecnologia está intimamente ligada ao aumento da ansiedade e do estresse. A falta de sono adequado pode aumentar a vulnerabilidade ao estresse e diminuir a capacidade de gerenciar as pressões cotidianas, o que, por sua vez, amplifica a ansiedade.

Esses são apenas alguns dos efeitos prejudiciais do uso excessivo de tecnologia na ansiedade, ilustrando a necessidade premente de abordar e mitigar esses impactos para preservar nossa saúde mental e bem-estar.

## ESTRATÉGIAS PARA EQUILIBRAR O USO DA TECNOLOGIA E REDUZIR A SOBRECARGA

Vivemos em uma era digital, onde a tecnologia se tornou uma parte essencial de nossas vidas. No entanto, equilibrar essa presença constante com uma vida equilibrada e saudável é crucial para nossa saúde mental e bem-estar. São estratégias que podem ajudar a equilibrar o uso da tecnologia e reduzir a sobrecarga associada a ela:

### Estabeleça Limites Claros

Defina limites claros para o uso da tecnologia em sua rotina diária. Estipule horários específicos para atividades online e períodos de descanso sem tecnologia, como durante refeições e antes de dormir. Esses limites ajudam a evitar o uso excessivo e promovem uma relação mais saudável com os dispositivos.

### Bloqueio de Pessoas e Assuntos Prejudiciais

Utilize as ferramentas disponíveis nas redes sociais e aplicativos para bloquear pessoas e assuntos que atuam como gatilhos para despertar a ansiedade. Proteger-se de conteúdos negativos é uma forma importante de cuidar da sua saúde mental.

### Pratique o Desligamento Digital

Faça pausas regulares para se desconectar completamente. Isso pode ser algumas horas durante o dia ou certos dias da semana. Utilize esse tempo para se reconectar com atividades offline e consigo mesmo. O desligamento digital é essencial para aliviar o estresse e a ansiedade relacionados à constante exposição tecnológica.

### Crie Espaço para Atividades Desconectadas

Reserve tempo para hobbies e atividades que não envolvam dispositivos eletrônicos. Isso pode incluir exercícios ao ar livre, leitura de livros físicos, arte ou qualquer outra atividade que permita desconectar-se do mundo digital. Esses momentos de desconexão são vitais para nossa saúde mental e bem-estar.

### Pratique a Consciência Digital

Seja consciente de como você usa a tecnologia. Antes de abrir um aplicativo ou site, pergunte-se se é realmente necessário naquele momento. Limite-se a aplicativos e informações que são úteis e relevantes para sua vida. Evitar o uso automático da tecnologia pode reduzir o estresse e a ansiedade.

### Estimule Interações Face a Face

Priorize o contato pessoal e as interações sociais offline sempre que possível. Reserve tempo para estar com amigos e familiares, participar de eventos sociais e se envolver em atividades comunitárias. As interações face a face são vitais para nossa saúde mental e emocional.

### Cuide de sua Saúde Mental

Mantenha um olhar atento sobre seu bem-estar mental. Se você perceber que o uso da tecnologia está impactando negativamente sua ansiedade ou saúde mental, busque ajuda profissional de um psicólogo ou terapeuta. É fundamental cuidar de nossa saúde mental para enfrentar os desafios relacionados à tecnologia.

**Estabeleça um Espaço Calmo**

Crie um espaço em sua casa onde a tecnologia não seja permitida. Este é um lugar onde você possa se desconectar completamente e dedicar-se à paz e tranquilidade. Ter um local sem tecnologia ajuda a encontrar momentos de serenidade em meio à agitação digital.

**Pratique a Respiração Consciente**

Quando sentir que a tecnologia está gerando ansiedade, reserve alguns minutos para uma respiração consciente. Inspire profundamente, segure por alguns segundos e expire lentamente. Isso pode ajudar a acalmar a mente e reduzir a ansiedade associada ao uso excessivo de tecnologia.

Embora a tecnologia tenha trazido avanços incríveis, sua constante presença em nossas vidas também pode desencadear ansiedade, estresse e outros desafios emocionais. Neste capítulo, analisamos a sobrecarga de informações, a comparação social, o isolamento e o impacto na qualidade do sono podem contribuir para a ansiedade em um mundo digital.

No entanto, também fornecemos um conjunto abrangente de estratégias para equilibrar o uso da tecnologia e reduzir a sobrecarga. Essas estratégias incluem o estabelecimento de limites claros, o bloqueio de conteúdos prejudiciais, o desligamento digital, a criação de espaço para atividades offline, a consciência digital, a valorização das interações pessoais, o cuidado com a saúde mental, a criação de um ambiente tranquilo e a prática da respiração consciente.

Ao adotar essas estratégias e cultivar uma relação consciente com a tecnologia, podemos enfrentar os desafios da era digital de forma mais equilibrada, promovendo nossa saúde mental e bem-estar.

No próximo capítulo, vamos mergulhar em uma área fundamental para o nosso bem-estar emocional: os relacionamentos e o apoio social. Nossas interações com amigos, familiares e comunidades desempenham um papel crucial na nossa saúde mental. Exploraremos como construir e manter relacionamentos saudáveis pode ajudar a reduzir a ansiedade, proporcionar apoio emocional e criar uma rede de segurança durante os momentos difíceis.

# 12

# RELACIONAMENTOS E APOIO SOCIAL

*Em cada conexão, encontramos força; juntos somos uma sinfonia, harmonia na luta contra a ansiedade.*

Vivemos em um mundo interconectado, onde nossas vidas são entrelaçadas pelos relacionamentos que formamos ao longo do caminho. Cada conexão, seja com amigos, familiares, colegas ou mesmo estranhos, contribui para a complexa teia de nossas vidas.

Os relacionamentos não são meramente interações superficiais; eles são a espinha dorsal da nossa existência. Desde os laços estreitos com aqueles que compartilham nosso cotidiano até os encontros breves que nos lembram de nossa humanidade compartilhada, os relacionamentos moldam nosso mundo emocional. E, ao explorar a intrincada interseção entre essas conexões e nossa ansiedade, buscamos entender como nossas interações interpessoais podem aliviar ou agravar o peso da preocupação e do medo.

Neste capítulo, mergulhamos fundo nos meandros dos relacionamentos humanos. Investigamos como o suporte emocional pode ser um baluarte contra a ansiedade, como a falta de conexões pode alimentar a solidão e a insegurança, e como a empatia e a compreensão podem ser faróis de luz nos momentos mais escuros. Em nossa jornada, descobrimos que, enquanto os relacionamentos positivos podem nutrir nossa alma e nos dar forças para enfrentar o mundo, os tóxicos podem minar nossa confiança e semear a dúvida em nossos corações.

Além de examinar a influência dos relacionamentos em nossa ansiedade, também apresentamos estratégias poderosas para nutrir e fortalecer essas conexões cruciais. Desde a comunicação transparente até a busca de ajuda profissional quando necessário, estamos prestes a desvendar o arsenal de ferramentas disponíveis para construir relacionamentos saudáveis e buscar o apoio emocional que todos precisamos.

## A INFLUÊNCIA DOS RELACIONAMENTOS NA ANSIEDADE

Os laços que construímos com outras pessoas ao longo de nossas vidas não são apenas conexões sociais, mas fios que tecem a tapeçaria de nossa saúde mental. Na busca por compreender a complexa relação entre relacionamentos e ansiedade, desvendamos o impacto substancial que eles podem ter sobre nosso estado emocional. Desde proporcionar alívio reconfortante até agravar nossos temores, os relacionamentos moldam nossas experiências de ansiedade de maneiras profundas e variadas. Vamos analisar de que maneira os relacionamentos podem influenciar nossa ansiedade:

## Suporte Emocional e Redução da Ansiedade

Relacionamentos saudáveis, baseados em confiança, respeito e apoio mútuo, têm o poder de funcionar como verdadeiros antídotos para a ansiedade. Ter alguém em quem possamos confiar plenamente, com quem podemos compartilhar nossas inquietações e temores mais profundos, é um bálsamo para a ansiedade. O suporte emocional nos oferece a garantia de que não estamos sozinhos em nossos desafios, permitindo-nos enfrentá-los com mais resiliência e esperança. A empatia e o encorajamento que recebemos em relacionamentos significativos podem acalmar a tempestade interior, fornecendo um porto seguro para nossa angústia.

## Relacionamentos Tóxicos e Agravamento da Ansiedade

Assim como relacionamentos positivos podem oferecer consolo, os relacionamentos tóxicos têm o poder oposto: intensificar nossos níveis de ansiedade. Ambientes onde há falta de apoio, compreensão ou, pior ainda, onde há abuso emocional ou físico, podem ser caldeirões de estresse e ansiedade. Identificar e, posteriormente, se distanciar desses relacionamentos prejudiciais é essencial para proteger nossa saúde mental. Colocar um fim em relações tóxicas é um ato de autocompaixão e um passo crucial em direção a um estado emocional mais estável e calmo.

**Solidão e Ansiedade**

A solidão pode ser um solo fértil para o crescimento da ansiedade. A ausência de interações sociais significativas e conexões emocionais pode levar a um sentimento profundo de isolamento, que por sua vez pode desencadear ansiedade. É vital, portanto, cultivar relacionamentos saudáveis e investir tempo e esforço na construção de conexões genuínas. Essas relações podem atuar como baluartes contra a solidão e suas consequências prejudiciais para nossa saúde mental.

**Empatia e Compreensão como Alívio para a Ansiedade**

Relacionamentos caracterizados por empatia, compreensão e uma comunicação aberta e eficaz podem oferecer alívio valioso para a ansiedade. A sensação de ser verdadeiramente compreendido e ouvido, sem julgamento, pode aliviar o fardo da ansiedade. Nestes relacionamentos, encontramos um espaço seguro para expressar nossos pensamentos e emoções mais íntimos, o que pode ter um efeito tranquilizador sobre nossas mentes inquietas.

## ESTRATÉGIAS PARA CULTIVAR RELACIONAMENTOS SAUDÁVEIS E BUSCAR APOIO EMOCIONAL

Cultivar relacionamentos saudáveis e buscar apoio emocional são habilidades cruciais para melhorar nossa saúde mental e enfrentar a ansiedade de forma eficaz. Vamos explorar estratégias que podem nos ajudar a fortalecer nossas conexões interpessoais e buscar o apoio necessário quando precisamos:

### Comunicação Clara e Empática

A comunicação é a base de qualquer relacionamento saudável. A habilidade de expressar nossos sentimentos, necessidades e preocupações de forma clara e respeitosa é essencial. Além disso, saber ouvir ativamente o que os outros têm a dizer, demonstrando empatia e compreensão, pode evitar mal-entendidos que muitas vezes se transformam em fontes de ansiedade. Uma comunicação clara e empática é a pedra angular para construir conexões sólidas e saudáveis.

### Estabelecimento de Limites Saudáveis

Estabelecer limites saudáveis é uma demonstração de amor próprio e respeito mútuo. A habilidade de dizer "não" quando necessário e definir limites claros sobre o que é aceitável e o que não é em um relacionamento é fundamental. Isso ajuda a manter uma dinâmica equilibrada, prevenindo o estresse e a ansiedade decorrentes de desrespeito ou sobrecarga. Estabelecer limites é uma forma de autocuidado e é essencial para relacionamentos duradouros e saudáveis.

### Demonstração de Gratidão e Apreciação

Expressar gratidão e apreço é uma maneira poderosa de fortalecer os laços interpessoais. Reconhecer as contribuições positivas das pessoas em nossas vidas cria um ambiente de positividade e harmonia. A gratidão promove um ciclo virtuoso de bem-estar emocional, fortalecendo nossos relacionamentos e contribuindo para um estado mental mais equilibrado e menos ansioso.

### Empatia e Compreensão Ativa

A empatia é uma das qualidades mais valiosas que podemos cultivar em nossos relacionamentos. Colocar-se no lugar dos outros, esforçando-se para compreender seus sentimentos e perspectivas, é um gesto poderoso. A compreensão ativa demonstra cuidado e interesse genuíno, criando um ambiente emocionalmente nutritivo e diminuindo a ansiedade ao proporcionar um espaço seguro para expressar nossas emoções.

### Incentivo ao Crescimento Pessoal

Os relacionamentos saudáveis não apenas aceitam, mas também encorajam o crescimento pessoal. Estimular e apoiar os objetivos e aspirações dos outros cria uma base para relacionamentos duradouros e gratificantes. Quando apoiamos o crescimento das pessoas em nossa vida, estamos construindo uma comunidade na qual todos têm a oportunidade de se desenvolver e alcançar seu potencial máximo.

### Busca Profissional de Ajuda

Quando a ansiedade se torna esmagadora e começa a prejudicar nossa qualidade de vida, buscar ajuda profissional é um passo fundamental. Psicólogos, terapeutas e conselheiros estão disponíveis para oferecer orientação especializada e estratégias para lidar com a ansiedade. Além disso, esses profissionais podem nos auxiliar na melhoria de nossos relacionamentos, fornecendo um suporte crucial para nossa saúde mental.

**Participação em Atividades Sociais e Comunitárias**

A participação em atividades sociais e comunitárias é uma excelente maneira de criar e fortalecer relacionamentos significativos. Conectar-se a um grupo maior e contribuir para a comunidade não apenas cria novas amizades, mas também dá um senso de propósito e significado. Engajar-se em causas comuns e contribuir para o bem-estar da comunidade pode reduzir a ansiedade, fortalecendo nossa saúde mental.

**Fomento de Relacionamentos Positivos com a Família**

Os laços familiares são um pilar crucial em nossas vidas. Fortalecer essas conexões é uma parte essencial de cultivar relacionamentos saudáveis. Investir tempo e esforço em manter uma relação positiva com membros da família pode ser uma fonte significativa de apoio emocional. Uma família unida e amorosa pode ser um refúgio em tempos de ansiedade, oferecendo conforto e suporte emocional.

Neste capítulo, exploramos a profunda influência que os relacionamentos têm em nossa ansiedade e como eles podem ser tanto uma fonte de apoio emocional quanto uma fonte de estresse. Aprendemos que, quando cultivados de maneira saudável, os relacionamentos podem desempenhar um papel fundamental na redução da ansiedade, fornecendo suporte emocional, empatia e compreensão. Ao mesmo tempo, identificamos a importância de estabelecer limites e reconhecer relacionamentos tóxicos que podem agravar a ansiedade.

As estratégias discutidas neste capítulo, como a comunicação clara, a empatia, o estabelecimento de limites saudáveis e a busca por crescimento pessoal, oferecem ferramentas práticas para melhorar nossos relacionamentos e, consequentemente, nossa saúde mental.

À medida que avançamos, lembramos que nossas conexões com outras pessoas são um recurso valioso para enfrentar a ansiedade e encontrar apoio emocional. Ao cultivar relacionamentos saudáveis e implementar essas estratégias, damos passos importantes em direção a uma vida com menos ansiedade e mais equilíbrio emocional.

No próximo capítulo, mergulharemos na importância de buscar ajuda profissional ao enfrentar a ansiedade. Vamos explorar os diversos recursos disponíveis, desde psicólogos e terapeutas até abordagens terapêuticas, que podem fornecer orientação especializada e estratégias eficazes para lidar com a ansiedade. A busca de ajuda profissional é um passo crucial para muitas pessoas que enfrentam desafios emocionais, e este capítulo fornecerá informações valiosas sobre como dar esse importante passo em direção ao bem-estar mental.

# 13

# BUSCANDO AJUDA PROFISSIONAL

*Na busca por luz, encontre a coragem; na voz do profissional, descubra seu caminho para a cura.*

A jornada da ansiedade é uma trilha complexa e muitas vezes desafiadora, repleta de altos e baixos emocionais, pensamentos tumultuados e incertezas que podem nublar o horizonte do bem-estar mental. A ansiedade pode se manifestar de várias maneiras e em diferentes intensidades, afetando nossa capacidade de desfrutar da vida e cumprir nossas responsabilidades cotidianas. É um estado emocional que não deve ser subestimado, pois pode minar nossa qualidade de vida e interferir nas nossas interações sociais, trabalhos e relações pessoais.

É importante reconhecer que enfrentar a ansiedade sozinho pode ser esmagador e, muitas vezes, ineficaz. Em alguns momentos, o apoio dos amigos e familiares pode não ser suficiente para fornecer as ferramentas e estratégias necessárias para superar as barreiras que a ansiedade impõe em nossa vida. É neste ponto que a busca por ajuda profissional se torna fundamental para dar uma guinada na direção do bem-estar emocional.

Este capítulo é dedicado a entender a importância de procurar ajuda profissional, incluindo psicólogos e psiquiatras, na jornada para superar a ansiedade. Vamos explorar as razões pelas quais a orientação de especialistas pode fazer uma diferença significativa, não apenas no alívio dos sintomas, mas também na compreensão mais profunda das raízes da ansiedade. Desmistificaremos os tabus que, muitas vezes, cercam a terapia, encorajando uma abordagem mais consciente e informada para a busca do auxílio profissional.

## IMPORTÂNCIA DE PROCURAR AJUDA PROFISSIONAL

A ansiedade é uma condição complexa que pode se manifestar de diferentes formas e intensidades, afetando a vida de maneiras variadas. À medida que a ansiedade se torna mais presente e impactante, a busca por ajuda profissional se torna uma necessidade importante. São algumas razões pelas quais a assistência de psicólogos e psiquiatras é fundamental:

### Aprofundamento na Compreensão da Ansiedade

Os profissionais de saúde mental possuem o conhecimento e a experiência necessários para aprofundar a compreensão da ansiedade. Eles podem diagnosticar a ansiedade e identificar os gatilhos específicos que a desencadeiam em cada caso. Com essa compreensão mais profunda, é possível desenvolver estratégias de enfrentamento personalizadas e eficazes.

### Desenvolvimento de Estratégias Personalizadas

Como cada indivíduo enfrenta a ansiedade de maneiras únicas, um plano de tratamento personalizado é essencial para abordar as necessidades e desafios específicos de cada pessoa. Profissionais de saúde mental podem criar estratégias sob medida que incluem terapias, exercícios de relaxamento, técnicas de enfrentamento e, em alguns casos, medicação.

### Acesso a Técnicas Terapêuticas Especializadas

Profissionais de saúde mental têm acesso a uma ampla gama de técnicas terapêuticas comprovadas que podem ser altamente eficazes no tratamento da ansiedade. Essas técnicas incluem Terapia Cognitivo-Comportamental (TCC), Mindfulness, Terapia de Aceitação e Compromisso (ACT) e muitas outras abordagens que podem proporcionar alívio e fornecer ferramentas valiosas para gerenciar a ansiedade.

### Fornecimento de Suporte Profissional

O suporte profissional é crucial para lidar com a ansiedade. Psicólogos e psiquiatras são treinados não apenas para fornecer orientação e estratégias, mas também para oferecer apoio emocional. Ter um profissional ao seu lado pode fazer uma diferença significativa em sua jornada para superar a ansiedade.

### Prevenção e Gerenciamento de Crises

Os profissionais de saúde mental são treinados para reconhecer os sinais de uma crise iminente e para ajudar a preveni-la. Eles podem auxiliar na criação de planos de segurança e estratégias para evitar recaídas ou minimizar seu impacto. Isso é especialmente importante para pessoas que vivenciam ansiedade crônica ou transtornos de ansiedade.

Em última análise, procurar ajuda profissional para a ansiedade não é apenas uma demonstração de autossuficiência, mas também um passo corajoso em direção a uma vida mais equilibrada e feliz. Cada pessoa é única, e a assistência de um psicólogo ou psiquiatra pode fornecer o apoio necessário para enfrentar os desafios da ansiedade de maneira eficaz e capacitadora.

## DESMISTIFICAÇÃO DE TABUS RELACIONADOS À TERAPIA

É importante desmistificar os tabus e equívocos que cercam a terapia, pois essas ideias errôneas podem impedir que pessoas busquem o apoio de que precisam para sua saúde mental. Vamos explorar alguns desses mitos:

### Terapia Não é Sinal de Fraqueza

Um dos tabus mais comuns e prejudiciais relacionados à terapia é a crença de que buscar ajuda de um profissional é sinal de fraqueza. No entanto, isso está longe da verdade. Procurar ajuda é um sinal de força e coragem. É uma demonstração de autossuficiência e determinação para melhorar a própria saúde mental. Reconhecer que todos enfrentam desafios emocionais em algum momento da vida e que buscar apoio é uma decisão inteligente e assertiva é um passo essencial para destituir esse tabu.

### Terapia Não é Apenas para Problemas Graves

Outro equívoco comum é que a terapia é reservada apenas para pessoas com problemas graves de saúde mental. No entanto, a terapia é benéfica para qualquer pessoa que esteja lidando com estresse, ansiedade, problemas de relacionamento, transições de vida ou busca por autoconhecimento. É uma ferramenta poderosa para promover o bem-estar emocional em uma variedade de situações. Todos merecem cuidar de sua saúde mental, independentemente da gravidade do problema.

### Terapia Não é um Processo Sem Fim

Alguns podem temer que, uma vez que comecem a terapia, estarão presos nesse processo para sempre. No entanto, a terapia é um processo adaptável e flexível. O objetivo é fornecer as ferramentas necessárias para que você possa se sustentar emocionalmente. Os terapeutas estão lá para ajudá-lo a atingir seus objetivos e para determinar quando está pronto para seguir em frente, oferecendo autonomia e progresso contínuo. A terapia visa capacitá-lo para enfrentar os desafios futuros de maneira independente e confiante.

### Terapia Não é Apenas Falar Sobre Problemas

A terapia vai além de simplesmente falar sobre seus problemas. É um ambiente seguro e confidencial para explorar suas emoções, comportamentos e pensamentos de forma aprofundada. Os terapeutas fornecem orientação, ensinam habilidades de enfrentamento, auxiliam no desenvolvimento de estratégias para lidar com os desafios da vida de maneira mais eficaz e promovem a descoberta do autoconhecimento. A terapia é um espaço de crescimento pessoal e desenvolvimento emocional, proporcionando um caminho para uma vida mais equilibrada e significativa.

Buscar ajuda profissional para enfrentar a ansiedade é um passo crucial em direção a uma vida mais equilibrada e saudável. Este capítulo explorou a importância de procurar auxílio de psicólogos e psiquiatras, destacando que essa busca não é um sinal de fraqueza, mas sim de força e determinação para cuidar da saúde mental. Desmistificamos os tabus associados à terapia, enfatizando que não é apenas para problemas graves e que não representa um processo sem fim. A terapia é um espaço de crescimento, onde se desenvolvem estratégias e se adquire compreensão profunda da ansiedade.

Os profissionais de saúde mental oferecem não apenas suporte emocional, mas também técnicas terapêuticas especializadas para tratar a ansiedade. Através de um processo personalizado, auxiliam na identificação de gatilhos e na construção de estratégias adaptadas às necessidades únicas de cada indivíduo. Além disso, fornecem apoio para prevenir e gerenciar crises, essenciais para aqueles que enfrentam ansiedade crônica ou transtornos relacionados.

Ao desfazer equívocos e estimular a busca por auxílio profissional, esperamos ter inspirado a considerar a terapia como uma ferramenta valiosa para lidar com a ansiedade. Através dela, é possível conquistar uma vida mais plena e equilibrada, promovendo o bem-estar emocional e aprimorando a qualidade de vida. A caminhada para superar a ansiedade é uma jornada de coragem, autoconhecimento e crescimento, e a ajuda profissional pode ser um guia valioso nesse caminho.

# CONCLUSÃO

Ao chegarmos ao final desta jornada através de "Ansiedade S.A.", é crucial reiterar e sublinhar a importância do enfrentamento decidido da ansiedade em nossas vidas. A ansiedade, com suas ramificações profundas e muitas vezes complexas, pode moldar nossas experiências e nossa percepção do mundo. No entanto, é fundamental lembrar que não estamos indefesos diante dessa condição. Cada página deste livro foi uma chamada à ação, um convite para enfrentar a ansiedade de frente e não permitir que ela nos domine.

A mensagem central deste livro é de esperança e incentivo. É possível viver uma vida plena, mesmo com a presença da ansiedade. Ela não é um obstáculo intransponível, mas um desafio que, com a abordagem correta, pode ser gerido e superado. A jornada para o equilíbrio emocional e a paz interior pode começar com um simples passo: buscar ajuda.

Tenha em mente que você não está sozinho, muitas pessoas enfrentam ansiedade, e há uma rede de apoio disponível, desde amigos e familiares até profissionais de saúde mental, que estão dispostos a ajudar. Ter coragem para enfrentar a ansiedade é um ato de autocompaixão e autoinvestimento.

O caminho pode ser desafiador, com altos e baixos, mas cada passo que você dá em direção ao gerenciamento da ansiedade é um passo em direção a uma vida mais saudável, equilibrada e plena. Tenha em mente que a ansiedade não define quem você é, mas é apenas uma parte de sua experiência. Com determinação, estratégias eficazes e apoio, você pode conquistar um maior controle sobre a ansiedade e alcançar uma vida mais significativa e feliz.

Portanto, siga em frente com confiança, buscando as ferramentas e o apoio de que você precisa. A ansiedade pode ser desafiadora, mas também é uma oportunidade para crescer, aprender e florescer. Sua jornada para uma vida mais equilibrada e livre da ansiedade começa agora.

## SOBRE O AUTOR

Leonardo Tavares, carrega consigo não apenas a bagagem da vida, mas também a sabedoria conquistada ao enfrentar as tempestades que ela trouxe. Viúvo e pai dedicado de uma encantadora menina, ele compreendeu que a jornada da existência é repleta de altos e baixos, uma sinfonia de momentos que moldam a nossa essência.

Com uma vivacidade que transcende sua juventude, Leonardo enfrentou desafios terríveis, navegou por fases difíceis e enfrentou dias sombrios. Ainda que a dor tenha sido uma companheira em seu caminho, ele transformou essas experiências em degraus que o impulsionaram a alcançar um patamar de serenidade e resiliência.

O autor de obras de autoajuda notáveis, como os livros "Ansiedade S.A.", "Combatendo a Depressão", "Curando a Dependência Emocional", "Derrotando o Burnout", "Encarando o Fracasso", "Encontrando o Amor da Sua Vida", "Qual o Meu Propósito?", "Sobrevivendo ao Luto" e "Superando o Término", encontrou na escrita o veículo para compartilhar suas lições de vida e transmitir a força que descobriu dentro de si. Através de sua escrita clara e precisa, Leonardo ajuda seus leitores a encontrar força, coragem e esperança em momentos de profunda tristeza.

Ajude outras pessoas compartilhando suas obras.

# REFERÊNCIAS

BARLOW, D. (2022). Anxiety: The Cognitive Behavioral Approach. New York, NY: The Guilford Press.
BOURNE, E. J. (2022). Anxiety and Phobia Workbook. New York, NY: New Harbinger Publications.
BURNS, D. (2022). When Panic Attacks: The New, Drug-Free Way to Overcome Panic Disorder and Anxiety. New York, NY: Houghton Mifflin Harcourt.
GOLDIN, P. R., & Gross, J. J. (2022). The Mindful Path to Self-Compassion: Freeing Yourself from Negative Thoughts and Emotions. New York, NY: Guilford Press.
HOFMANN, S. G., & Smits, J. A. (2022). The Anxiety and Phobia Workbook: A Cognitive-Behavioral Therapy Approach to Overcoming Anxiety and Phobias. New York, NY: Guilford Press.
LEAHY, R. L. (2022). The Worry Cure: Seven Steps to Stop Worrying and Start Living. New York, NY: Basic Books.
LEVINE, B. D. (2022). Anxiety Disorders: A Guide to Treatment and Prevention. New York, NY: W. W. Norton & Company.
MCDONAGH, B. (2022). The DARE Response: How to Overcome Anxiety, Panic, and Worry in 7 Weeks. New York, NY: New Harbinger Publications.
WEEKES, C. (2022). Anxiety Toolkit: A Practical Guide for Managing Anxiety and Panic Attacks. New York, NY: HarperOne.
WILLIAMS, M., Penman, D., & Kabat-Zinn, J. (2022). Mindful Way Through Anxiety. New York, NY: The Guilford Press.

LEONARDO TAVARES

# Ansiedade
# S.A.

www.ingramcontent.com/pod-product-compliance
Lightning Source LLC
LaVergne TN
LVHW041937070526
838199LV00051BA/2816